法華経の社会哲学

松岡幹夫

論創社

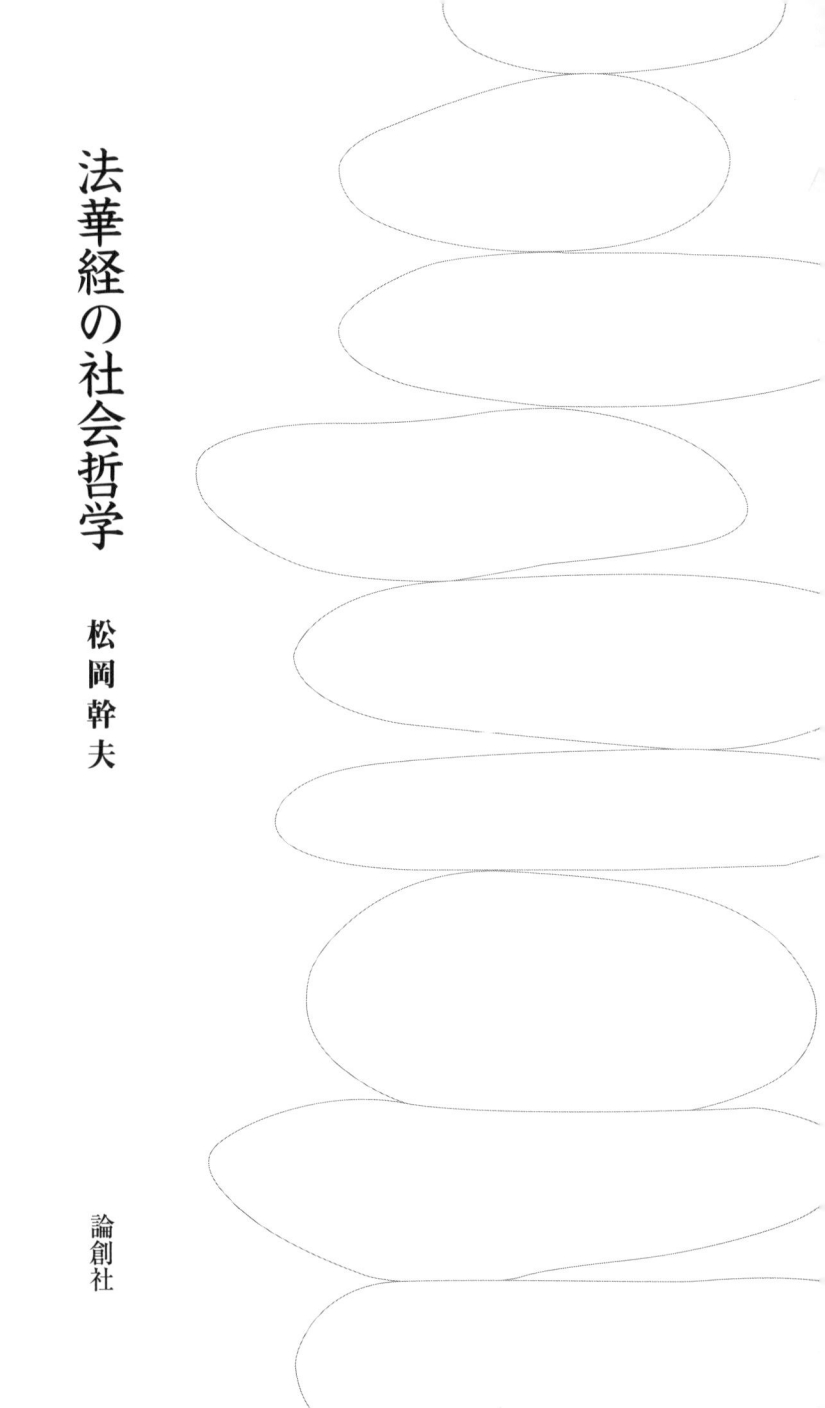

はじめに

時代や民族、国家を超えた普遍的真理（法《ダルマ》）を説く仏教は、多くの言語に翻訳され、後世に伝えられました。古代インドで正統な権威を持ったサンスクリット語はもとより、スリランカ・タイなどの南伝仏教の聖典用語であるパーリ語、アフガニスタンやパキスタンの一部で使われていたガンダーラ語、イラン東部で用いられたホータン・サカ語、中国の漢語や西夏語、そして韓国・朝鮮語等々、多彩な言語で伝えられた仏教経典の数々を見れば、仏教がいかに早い時代から世界宗教だったのかを実感できるでしょう。

中でも長期間にわたり、じつに多くの言語で、書写された経典の一つが『法華経』です。『法華経』は、紀元前一世紀から紀元後二世紀頃までの間にインドで成立したとされる、大乗仏教の経典です。「これ諸経の王なり」「法華は最も第一なり」「諸経の中において、最も為《こ》れその上なり」と『法華経』自体が繰り返し謳い、実際に古来より特別視され、日本を含むアジア各国の思想文化に多大な影響を与えてきました。

『法華経』のサンスクリット語の題名は「サッダルマプンダリーカ・スートラ（Saddarmapuṇḍarīka-sūtra）」と言います。「白蓮のごとく正しい教え」という意味です。白蓮は、泥の中に根を張りつつ、純白の花を咲かせます。白蓮華のごとく、欲望が渦巻く現実社会から離れずに清浄な悟りの真理を顕し、活気に満ちた平和と共生の社会を作ろう。『法華経』は、そう私たちに呼びかけています。

では、『法華経』から見て今日の社会はどうなのか。私たちの社会は今後、どう変わるべきか。筆者は、このことを自分自身に問いかけながら、いくつかの場所で講演を行い、多くの方々と様々なテーマの下で語りあってきました。その中の主要な講演や対話に加筆・修正を施し、ここに一冊の本ができ上がった次第です。

個人の心の問題に焦点を当てた仏教書が、あちこちで目につく昨今です。それだけ、「癒《いや》し」を求める現代人が多いということでしょう。この本も仏教書です。心の癒しにつながる、新しい考え方を提唱しています。

けれども、本書の主眼は「社会の中の人間」という角度から『法華経』の思想に着目し、人生の苦しみ、自由と平等、社会正義、他者との共生、東洋思想の価値、地球文明の行方などの諸問題を再考することにあります。『法華経』は、社会（世間）における人間の意義と使命を教えた経典です。『法華経』によれば、真実の世界は自由そのものであり、人生は何があっても楽しく、人間には「すべてを生かす力」があるとされます。私たちの社会に無限の希望を送る思想書であり、また文学書でもあると言えるでしょう。現代の人々にぜひ、この真実を知ってもらいたい。一度は『法華経』の智慧の声に、耳を傾けてもらいたい。そう思って、本書を世に出すことにしました。

各章の内容について、簡単に説明します。

第一章の「人生を楽しむ」は、二〇〇九年六月二二日、福島県いわき市にある東日本国際大学の「東洋思想研究所　発足記念シンポジウム」で行った講演の内容です。同大学は孔子の教えを建学の精神とし、毎年「孔子祭」を開いています。第二一回目の「孔子祭」となるこの日は、同大学と系列校の学生・生徒をはじめ、海外からの来賓、地域の市民の方々など、約一二〇〇名が集いました。その式典の第三部として東洋思想研究所の発足を祝うシンポジウムが開催され、筆者が前述のタイトルで基調講演を行いました。

筆者の基調講演の後、パネリストとして香港・孔教学院の湯恩佳院長、韓国・成均館大学校の徐坰遙教授ならびに崔一凡教授が、いずれも儒学研究の立場から、それぞれ含蓄あるコメントを述べられました。諸般の関係上、本書には筆者の講演のみを採録しています。生きることの苦しみに、どう対処するか。この人類共通の課題に対し、儒教を含む古今東西の思想を幅広く紹介しながら、「柔らかな積極性」で人生を楽しむことを説く『法華経』の智慧を語ったつもりです。

第二章では、近代日本の詩人・童話作家として名高い宮沢賢治と『法華経』の関係について考えました。賢治の文学作品に充ち溢れている「共生」の感覚は、『法華経』の思想に触発されたものと見られます。しかし半面、共生の実現に向かう賢治の精神性は、幼少期からの浄土真宗の信仰に支配されていいました。賢治の信仰は、言うなれば、上半身が法華経的、下半身が真宗的でした。そして、この特異な信仰のあり様が、賢治独特の哀愁を帯びた共生主義となって表れているのです。

右の筆者の見解は、当初、二〇〇三年六月二八日に大正大学で行われた比較思想学会の第三十回大会で発表されました。また二〇〇五年四月二二日、(財)東洋哲学研究所が主催する「政治と宗教研究会」の定例会においても、筆者は宮沢賢治の法華経信仰について報告を行ないました。これは、『東洋学術研究』第四五巻第一号に「宮沢賢治にみる仏教的共生倫理」と題して掲載されています。本書に収録するにあたっては、この掲載原稿をベースにしています。

第三章は、鎌倉仏教の開祖の一人である日蓮の生涯を『法華経』と関係づけながら評伝的に語ったものです。筆者は二〇〇九年の春、東洋哲学研究所の一員としてスペインのレリダ市を訪問しました。目的は、同市の公立図書館で開かれた「法華経―平和・共生のメッセージ」展の説明を行なうことでした。

ヨーロッパ初となる、この法華経展の開幕記念会は、無事、成功裏に終りました。私たちはそれに先立ち、市内にあるレリダ大学教育学部の講堂で仏教にかんする講演を行ないました。前半が東洋哲学研究所の川田洋一所長による「仏教史と『法華経』」の講話、次にそれを受ける形で筆者が「日蓮と『法華経』」について話をする、という流れでした。歴史的に仏教とは無縁なスペインの地で、しかも大学生を主な対象として話をするからには、できるだけ現代的に、わかりやすく語らなければなりません。この求めに十分応えられたとは言えないのですが、現代的な目で日蓮の生涯を追い、『法華経』の普遍的な意味を考え直せたことは、筆者にとって得がたい経験でした。

第四章は、「東洋思想と地球文明——〈中〉の思想をめぐる一考察」というテーマで、筆者が行った研究発表を土台にしています。先に述べた東日本国際大学の第二回「孔子祭」の翌日、二〇〇九年六月二三日に、東洋思想研究所の発足を記念する学術講演会が大学内で開催されました。香港・孔教学院の湯院長、韓国・成均館大学校の徐教授、崔教授、さらに李基東教授などが、現代社会にかんする儒学的な知見を次々に発表されました。

これに対し、筆者は、より包括的に、東洋思想を研究することの現代的な意義を考察しました。そこでは東洋と西洋の両方に中道的な考え方があることを指摘しつつ、調和力に長けた東洋的な中道は「文明の融和」を推進しうる旨を主張しました。さらに、『法華経』に代表される大乗仏教の中道ならば「文明の共生」にも貢献できるだろう、と論じました。詳細は、本文を参照していただければと思います。

最後の第五章は、「『法華経』の社会哲学を考える」と題しました。やはり東日本国際大学の東洋思想研究会（二〇〇九年四月から東洋思想研究所）が主催したシンポジウムにおいて、筆者が市民の方々を対象に話した内容です。シンポジウムのテーマは「現代の難問を『法華経』と『論語』からひもとく」というものでした。二〇〇八年の七月三十日に、いわき産業創造館内で開催され、筆者が『法華経』を中心とした基調講演を行なった後、同大学の谷口典子教授による『論語』を中心とした補足講演があり、多くの質問や感想、意見が出されました。

このうち、筆者の基調講演と主な質疑の様子を加筆しながらまとめて本章としました。『法華経』の社会哲学的なエッセンスは「すべてを生かす力」であり、その視点から現代社会の「自由」「平等」「調和」「正義」を考え直すことは非常に有意義である――この筆者の主張をめぐり、活発な質疑応答が行われました。質問者の名前は伏せてありますが、皆、東洋思想研究所の研究員の先生方です。この場を借りて、改めて御礼を申し上げます。

各章のあらましを、ざっと述べてみました。この本は専門書ではないので、引用した文献は、より多くの読者がアクセスできるように気をつけています。文庫や新書の類が目立つのは、そのためだと思ってください。

『法華経』のテクストは、岩波文庫版の『法華経』を用いました。これには、百年ほど前にヨーロッパで初めて出版されたサンスクリット語の『法華経』である「ケルン・南条本」を、岩本裕氏が現代語に訳したものが載せられています。また『法華経』と言えば、五世紀の初めに訳経僧の鳩摩羅什が漢訳した『妙法蓮華経』が有名ですが、岩波版は坂本幸男氏による書き下し文を用いており、サンスクリット本からの現代語訳と対向できるようになっています。本書では、梵本からの岩本訳と、坂本氏による羅什訳の書き下しとを、状況に応じて使い分けています。なお、岩波からは昨年、植木雅俊氏の手によって『法華経』の新訳が出されています。筆者も執筆の際、参考資料として目を通しました。

それから、『法華経』には開経とされる『無量義経』、結経とされる『観普賢菩薩行法経』がありますが、これらの文を引くにあたっては『大正新修大蔵経』第九巻を参照しました。読者の便宜を考え、元の仏教漢文を筆者が書き下し文にしています。また日蓮遺文からの引用は、立正大学日蓮教学研究所編『昭和定本　日蓮聖人遺文』（全四巻）に準拠し、やはり筆者が書き下したり、現代語に訳したりしています。

その他の主なテクストについては、『新約聖書』（塚本虎二訳）『論語』『大学・中庸』（共に金谷治訳）が岩波文庫版に、『孟子』（貝塚茂樹訳）『老子』（小川環樹訳）『荘子』（森三樹三郎訳）

が中公クラシックス版に、それぞれ依っています。

歴史を振り返ると、およそ仏教は、時代や場所に合わせて教えを説き広め、世界宗教の地位を確立したと言えます。現代は、人間中心のグローバル化社会です。人々が求めているのは能動性、力、主体性といったものです。仏教の法《ダルマ》は、今の時代性に合わせて再解釈され、さらに新たな装いを持たねばなりません。『法華経』は釈尊個人の説というより宇宙の諸々の仏が説き示してきた普遍的な教えである、とは『法華経』自らが語るところです。『法華経』の思想が宇宙的な普遍性を持つのなら、なおさら現代化されてしかるべきでしょう。そのための、ささやかな試みとして、本書を世に問いたいと思います。

法華経の社会哲学　目次

第一章　人生を楽しむ——東洋の心のエッセンス

1　人生の喜怒哀楽

東日本国際大学・東洋思想研究所の設立記念シンポジウムにあたり、何か最初に話をするように、と命じられました。本日は、「人生を楽しむ」ということについて、主に東洋思想の立場から考えたいと思います。

私は仏教の研究をしていますが、本業は僧侶です。毎朝毎晩のお勤めとして、大乗仏教の経典である『法華経』の方便品と寿量品を読んでいます。その寿量品の自我偈《じがげ》に「人生は楽しい」と説かれている。漢文では「衆生所遊楽」と言いますが、少し意味がわかりにくいので、古代インドのサンスクリット語で書かれた『法華経』から、直接翻訳したものを紹介しましょう。

これらの人々がこの世界を見て、焼けていると感ずるときでも、余の仏国土には神々と人間たちが充ち溢れるのだ……天空では神々が楽器を奏《かな》で、またマンダーラ花の雨を降らす。花の雨は余と弟子たちに降りかかり……余の国土はいつもこのような状態なのだ。だが、他の者たちは、余の国土が焼けていると考えよう。かれらは、この世界が誠に怖ろしく、みじめで、幾百の悲しみが散在している、と見るであろう。

仏の悟りの目からみると、この世界は天から花が降ってくる楽園のようなものだ。人間は楽しむために生きている、と言うのです。この「衆生所遊楽」の箇所は非常に有名で、私のような僧侶にかぎらず、一般の方々の間でも広く読まれています。そういう人たちは、毎日のように「人生は楽しい」「人生は楽しい」と繰り返し唱えながら、生活していることになります。

ところが反面、右の『法華経』の文には、こうも説かれています。われわれ凡人にとって、この世の中は、まるで火事場のようなものだ、いつもみじめで苦しみだらけの世界に見えるのだ、と。本来、楽しいはずの人生なのに、われわれは苦しいとしか感じられない。どうしてなのか。寿量品の文脈を追うだけでなく、生き方の問題として考えてみると、一つには「諸行無常」の世の中に執着するからであり、もう一つは人生の苦しみから解放されていない、すなわち自由になっていないからなのです。

(1)「諸行無常」の世界

まず諸行無常とは、すべてのものが変化していく、変わらないものは何一つない、という教えです。われわれだって、十年前の写真と今を見比べると、随分変わったものだな、と思うでしょう。ここにいる大学生の皆さんは、十年前というとまだ子供ですから、顔も体つきも別人のようになった人がいるはずです。

すべてのものは変化する、というのが世の定めです。中でも変化の最たるものは「滅」、人間で言うと「死」です。家族や友人、職場の同僚等が死んで、物言わぬ遺体と対面した時、火葬場で白いお骨を拾う時、故人の小さな骨壺を見つめる時、墓参りで故人に語りかける時、私たちは「あの元気だった人が、いったい、どこに行ったのか」という、何とも言えない思いに襲われます。

「人はみな不定期の猶予つきで死刑に処せられている」と書いたのは、フランスの文豪ヴィクトル・ユーゴーでした。死刑判決を受けた犯罪者を見て、ああ哀れだな、と思う人もいるでしょう。しかし私たちも、死刑囚とさほど変わりはありません。実際、一日が終わると、一日分、死ぬ日が近づいているのです。

死刑囚よりも、私たちの方が先に死ぬ場合さえあります。ユーゴーは、ある小説の中で死刑囚に、こう言わせています。

私に判決がくだされた時から今までに、長い生涯を当てにしていたいくばくの人が死んだことか。若くて自由で健康であって、某日グレーヴの広場で私の首が落ちるのを見に行くつもりでいた者で、いくばくの人が私より先だったことか。今からその日までの間に、戸外を歩き大気を吸い自由に外出し帰宅している者で、なおいくばくの人が私に先立つことだろうか。

（『死刑囚最後の日』豊島与志雄訳、岩波文庫）

一般人の死も、死刑囚の死も、強制的に訪れる点は同じです。テレビのニュースで報道される、無差別殺人を犯して死刑判決が確定した犯人よりも、現実には私の方が、あるいは皆さんの方が、先に死ぬことになるかもしれません。

人は、いつか必ずこの社会から退場する時を迎えます。今、こうして集まって、しゃべったり、笑ったりしている私たちは、百年も経てば、誰一人としていなくなってしまう。全員が死んで、焼かれて、骨になって、お墓の中か、納骨堂の片隅にでも収められているでしょう。人の世は「諸行無常」です。にもかかわらず、自分自身や家族や財産などが、いつまでもあると思って、そこに執着したり、名誉や地位にこだわったりすると、最後は空しさに苦しむことになります。

（2）「四苦八苦」の人生

そもそも死だけでなく、われわれの人生には影が身に寄り沿うがごとく、様々な苦しみがつきまとっている。仏教では、これを「四苦八苦」と言います。四苦とは生・老・病・死の四つの苦しみのことです。これに愛別離苦《あいべつりく》・怨憎会苦《おんぞうえく》・求不得苦《ぐふとっく》・五陰盛苦《ごおんじょうく》の四苦を加えて八苦とも呼ばれます。

＊苦しみの構造――

一つずつ説明したいのですが、その前に「苦しみ」とは、いったい何なのでしょうか。私は、苦しみの本質は「受動性」にあると考えます。人間、何事も受け身になれば、苦しさを感ずる。受け身というのは、自分自身の意志に反して何かを強いられている状態です。

たとえば今、この会場に突然、爆音のごときロック音楽が流れたとする。ハードロックやヘヴィーメタルが大好きな人は、重厚なリズムに体を揺らし、喝采を送るかもしれない。けれどもロック嫌いの人にとっては、耳を覆いたくなるほど不快な雑音であり振動でしょう。同じ音に対して一方は喜び、他方は苦しむ。この違いは受動性の有無にあります。つまり、喜ぶ人は能動的に音に対応しているから楽しい、苦しむ人は受動的に音を強いられているから苦しい、ということなのです。

一事が万事、「苦しみ」の構造はこうなっています。人間関係の苦しみも、仕事の苦しみも、病気の苦しみも、そして死の苦しみも、すべては自分の望みに反して強制されるところに、すなわち受動性の意識から生じている。仏教の四苦八苦が教えているのは、じつはこれです。

仏教では、私たちに対し、様々な執着を断って解脱《げだつ》することを勧めます。形あるものは必ず滅ぶ。諸行無常の世の中である。私たちが欲している対象も、いずれは無くなってしまう。その時に執着が強ければ強いほど、人は苦しみます。なぜかと言えば、「無くなる」という事実を素直に受け入れられず、強制的、受動的に変化にしたがわされるからです。執着が苦しみを呼ぶのは、それが結果的には人間を受動的にするからなのです。

仏教は人々を、こうした受動性のくびきから解放し、常に人生を楽しませるために説き出されました。その智慧のきらめきは、話の折々に散りばめることにして、四苦八苦の問題に入りましょう。

＊個人的受動性としての苦しみ——

私は、四苦八苦を、個人的受動性としての苦しみと、社会的受動性としての苦しみとに大別します。すなわち、生・老・病・死の四苦を個人的領域にかかわる受動性の苦しみとし、愛別離苦・怨憎会苦・求不得苦・五陰盛苦の四苦については社会的領域にかかわる受動性の苦しみだろうと考えます。五陰盛苦は、個人と社会の双方の領域にまたがりますが、ここでは主に社会的次元から説明したいので、一応、社会的受動性の方に分類しました。

生・老・病・死の四苦のうち、生苦とは生まれてくる苦しみのことです。母親の胎内に宿ってから外の世界に出てくるまでの苦しみのことです。

生まれてくる時の苦しみを覚えている人など、まずいません。けれども赤ちゃんは普通、「オギャー」と泣いて生まれてきます。ニコニコ笑いながら出てくる赤ちゃんは、見たことがない。だから、やっぱり生まれてくる時は苦しいのでしょう。

私なりの仏教的な死生観になりますが、空《くう》の状態で大宇宙と一体化していた静かな「死」の生命が、どこかの母胎に宿って「生」へと転じ、やがて母との絆も断ち切られて、ついに一人だけで世界に放り出される誕生の瞬間は、何とも言えない孤独を体感することでしょう。この孤独感、不安感は、個人の根源的な受動性に他ならず、生まれ出る過程の苦しみの中で最たるもののような気がします。

それから老苦です。年をとる苦しみです。誰でも、成人して年を重ねていくと、心身ともに精力が衰えてきます。若い時は何日徹夜しても平気だったのに、四十歳を超えると、徹夜する馬力が残っている人はそうそういません。女性の場合は、更年期障害なども深刻です。

そうして六十を超え、七十歳を過ぎると持病の数も増え、いつしか病院通いが日課になり、寝たきりになる人も出てくる。年々、意に反して体の無理がきかなくなるのは、これまた個人的な受動性であって苦しみの源となります。

また病苦、病気による苦しみもあります。これは説明するまでもないでしょう。特に慢性病やがんなど、死ぬまで治らない病の苦しみに耐えるのは、本人だけでなく周囲の人たちにとってもつらいことです。

私は数年前に、両親を相次いで亡くしました。二人ともウイルス性の肝炎から肝硬変、肝臓がんを発症しましたが、それぞれ、担当した医師の予想よりも、かなり長生きしました。けれども治る見込みのない病気の苦痛に必死で耐えたり、悪化を遅らせるために注意深く節制したり、薬を飲み続けたり、といった生活を続けるのは大変だったろうと思います。他人の憐れみや励ましの言葉が、かえって回復不能の烙印を押されているように感じたこともあったでしょう。軽い風邪や捻挫など、すぐ治るような病気に本当の苦しみはありません。病苦の本質は「治らない」という個人的で受動的な絶望感のうちにある、と私は考えます。

そして、この絶望感が極まる頃に死の苦しみ、すなわち死苦が訪れます。私たちはそこで、人生が終わってしまうという究極の個人的受動性の自覚と共に、死ぬこと自体の苦しさも受動的に経験しなければならない。誰でも血が出ると痛い。骨が折れると、顔をゆがめて苦しむ。そんな痛みや苦しみの果てに死があるとすれば、どんなに安らかに死んだ場合でも、深い苦しみとの格闘があるはずです。死ぬ時の苦しみを、ある仏典（『倶舎論』）では「断末魔」の苦しみと呼んでいます。

仏教が誕生する、ずっと前から、インドには生まれ変わり（輪廻《りんね》）の信仰がありました。だが、無限に生まれ変わるならば、われわれは死ぬという極限の苦しみを無限に受け続けなければならない。体ごと押しつぶされるような受動性の苦しみを何千回、何万回どころか、無限に受け続ける人生。これは、まじめに考えると戦慄すべきことです。ならば、この世に二度と生まれてこない方がいい――古代インドの聖者たちはそう考え、輪廻の世界からの脱却（解脱）を人生の理想に掲げました。

ことほど左様に、死苦は残酷で、しかも逃れがたいものです。ただし、自分自身で経験しないかぎり、死や死後のことなど誰にもわかりません。そして誰もわからないから、死苦を真正面から見つめることができず、浮草のように不安定で一時的な安楽を人生の幸福と勘違いする人が多くいるのです。

＊社会的受動性としての苦しみ――

生・老・病・死以外の四苦に進みましょう。

第一に「愛別離苦」です。これは、愛するものと別れる苦しみのことです。友達にせよ、職場の仲間にせよ、夫婦、親子にせよ、いつまでも一緒にいれるわけではありません。いつかは必ず別れなければいけない。本人たちにとっては無理やりの別れですから、社会的受動性としての苦しみです。

一九世紀のドイツに、ビスマルクという政治家がいました。ドイツ統一を成し遂げて初代の宰相となり、外交面で華々しい活躍を示す一方、国内では、いわゆる「飴と鞭」政策をとって社会保障の制度を作り上げるという、まことに卓越した政治的手腕を振るった人です。そのビスマルクが結婚五十年目の年に、奥さんに先立たれた。その時、彼は「始まったばかりだったのに、もう終わりなのだ」と言って嘆き悲しんだと言います。剛腕で名を馳せた稀代の政治家も、愛する妻との永久の別れの前では悲しみに打ちひしがれるしかなかったわけです。

この愛別離苦と対照的なのが「怨憎会苦《おんぞうえく》」、つまり、憎んでいるものと会う苦しみです。皆さんも経験していると思います。不思議なもので、私たちは、会いたいと願っている人には、なかなか会えない。ところが、会いたくないと思っている人にかぎって何度も会ってしまう。そのたびに、お互い不快感を隠してつき合う。端から見ても嫌な光景です。

あるいは仲の悪い夫婦、親子、兄弟、嫁と姑などが、一つ屋根の下で毎朝毎晩、顔を突き合わせて暮らす、というのも耐えがたい苦しみでしょう。嫌いな人に会うことを強いられる。この種の社会的受動性もまた、深刻な苦しみをもたらします。

さらに「求不得苦《ぐふとっく》」という苦しみもある。何かが欲しいと思っても手に入らない、そういう苦しみです。「欲しい」という気持ちは、決して悪いものではありません。私たちは、欲望があるから勉強するし、努力もするし、自分を磨いて成長していける。しかしながら欲望に走りすぎると、それが満たされない場合、たちまち社会的受動性の苦しみに陥ります。

しかも求不得苦には、もう一つ別の社会的受動性もある。それは欲望に振り回され、欲望の奴隷になってしまうという受動性です。「欲望に流される」という受動性です。この受動性は、「欲望が満たされない」という受動性よりもはるかに危険であり、最終的に一切を破滅に追い込みます。

「欲しい」という気持ちが、自分自身でコントロールできない。欲望に流され、欲望を受動的に強いられ続ける。すると個人的には、覚せい剤依存症やアルコール依存症などに見られるように、身を滅ぼします。他人を巻き込んで浮気などに走る人は、家庭を滅ぼします。また社会総体として欲望に流されるようになれば、拝金主義が横行し、モラルが衰退する。国際的には戦争が多発し、自然破壊も進むでしょう。終着点は地球全体の破滅です。こう考えると、求不得苦は何も昔のお説教ではなくて、今の社会の根本的な問題を突いていることがわかるでしょう。

四苦八苦の最後は「五陰盛苦《ごおんじょうく》」です。詳しい説明は省きますが、これは自分自身の心と体から苦しみが生まれるという意味です。体があるから、年をとって病気になって死ぬ。心があるから、愛したり、憎んだり、欲しがったりする。これまで説明してきた、個人的または社会的な受動性としての苦しみの原因は、すべて自分の心と体にあるわけです。

ですから、身心の働きが活発になればなるほど、人間は、いよいよ受動性の罠に落ち込み、その苦しみも大きくなる。生の謳歌が生を縛りつけ、生を苦しめる。何とも悲しい逆説です。われわれの身心が不幸の原因だったら、いっそのこと消えて無くなればいいという話にもなります。初期の仏教では、これを「灰身滅智《けしんめっち》」と言い、修行の目標にする人たちもいました。それぐらい、人間は存在自体が受動的であり、苦しみから逃れがたいのです。


以上、四苦八苦に即して、人生の中で避けられない、受動性としての苦しみを概観してきました。私たちは、こうした苦しみに、どう対処すればよいのでしょうか。思想家や宗教家は、色々なことを言います。

人生の苦しみから逃げるな、受動性の鎖を断ち切って日々前進せよ、と弱者の肩を揺さぶる理想主義者がいる。かと思えば、人間の原罪と言うべき受動性を嫌わず、これに身をまかせよ、そうすれば苦しみはもはや苦しみではない、と語りかける人生の達観者もいます。それから、先ほど述べた『法華経』の「衆生所遊楽」のような考え方に基づき、人生は何があっても楽しめるのだ、と言って民衆を励ます仏教の楽観主義者もいるのです。

今日は、それら数多《あまた》の人生論を、大きく「人生を戦う」「人生を味わう」「人生を楽しむ」の三つに分け、適宜、論評を加えながら結論を出していこうと思います。

2　人生と戦う——堅い積極性

最初は、人生と戦う、堅い積極性の生き方です。堅い積極性というのは、後から述べる静かな積極性や柔らかな積極性と対比するための表現であり、話の中で徐々に意味がはっきりしてくると思います。

信念堅く、積極的に戦う人生。これは、どちらかと言えば、西洋の人たちによく見られます。

(1)　運命と決断

たとえば、運命の問題を考えましょう。運命とは、人間の力を超えた吉凶禍福の巡りあわせのことです。「運命を変える」などと言う人もいますが、これとて人の運命が簡単には変えられないことを前提とした話です。キリスト教では基本的に、運命は神様が決めたものだから変えられないと考えます。ならば、変えられない運命の中で、いかにして充実した人生を送るか。「自分から、ドンドン前に進んでいくことだ」――西洋の精神は、われわれに、こう語りかけてきます。つまり、勇気を持って決断する人生、運命をリードする人生を勧めているのです。

＊運命をリードする――

ドイツの文豪ゲーテが書いた叙事詩『ヘルマンとドロテーア』は、一七九七年の発表当初から大変な賞賛を浴び、ドイツで広く読み親しまれてきた作品です。内容は、ドイツ人の青年のヘルマンが、フランス革命で国を追われてきた少女のドロテーアを見染め、父親の許しを得て結ばれるまでを描いたものですが、息子の恋の選択を何とか父に認めさせようとする場面で、人間の運命を説き明かしてくれる町の牧師が、次のように言って父を説得します。

瞬間こそは、人間の生活や、その運命の全体を決定するものです。いくら長いこと相談をしてみても、その後で下される決断はすべて瞬間の仕業にすぎませんし、思慮深い人だけがずばり正しいものを掴《つか》むのですから。それだけに、選択を行う場合、あれこれとつまらぬ事を考えて、心をかき乱すのは、ますます危険なことです。

（吉村博次訳、『ゲーテ全集』第二巻所収、潮出版社）

人間の運命を決めるのは一瞬の時間である。分別ある息子さんが、この娘と生涯を共にする決心をしたのだから、あなたも瞬間を大事にし、思慮深く選択を行うべきだ――。牧師は、そう父親に教え諭しています。思慮と決断の人は、常に運命の一歩先を行き、運命をリードしていける。実際的に自分自身で運命を決めている、と言ってもよい。定められた運命のうちにあろうと、私たちは、このように積極的に生きることもできるのです。

また決断は、必ず実行を生みます。古代ギリシャのことわざに「始めは全体の半分」というのがある。ともかく決断して始めよ、そこで、もう目的の半分は達成されたのだ、と。決断と実行を尊ぶ西洋人の精神性が、典型的に現れていると言えましょう。

＊生も闘争、死も闘争――

そして決断と実行の後には、戦いが待っています。運命をリードする人にとって、生きることは戦いであり、死ぬこともまた戦いです。人生、戦って、戦って、最後は前のめりに倒れて死んでいく。仕事場で死ねたら本望だ。そう言う人が、皆さんの周りにもいるかと思います。この人生を戦いとる精神が、とりわけ強いのは、やはり西洋人です。

紀元一世紀の軍人で、あの暴君ネロの後に、実力でローマの皇帝についたウェスパシアヌスという人がいます。彼は、衰弱して死が間近に迫った時、「最高司令官は立ったまま死なねばならぬ」と言って、立ち上がろうとしながら息を引きとったとされる。そのように、死に際してさえも積極的な態度をとることが、運命をリードする生き方であると言えましょう。

余談ながら、西洋人は勝負事や冒険が大好きです。遊ぶ時まで冒険する。「スカイダイビング」や「バンジージャンプ」などがそうでしょう。バンジージャンプは、体に命綱のヒモを巻きつけて高所から飛び降りる競技で、元々は南太平洋の島国で行われていた、度胸試しのための通過儀礼でした。これを娯楽にしてしまうのが西洋人です。

西洋人の戦う積極性、冒険好きの気質には、当然、いい面と悪い面とがあります。いい面は、好奇心や進取の気象に富むことで、科学技術の進歩をうながし、人間が空を飛び、宇宙にまで行く精神的な原動力の一つになりました。悪い面は、戦う積極性が社会的闘争心を煽《あお》ることで、血を流す革命が美化されたり、訴訟社会になったり、戦争も多くなります。哲学者のヘーゲルは、戦争が文化を発展させると主張しましたが、これなども西洋の歴史が培った「生も闘争、死も闘争」の気風とまったく無縁ではないでしょう。

(2) マイナスと戦う

要は、人生に立ちはだかる障害に敢然と戦いを挑む精神が、受動性の苦しみに対する西洋的な対処法なのです。

世の中には、自分にとってプラスの物事とマイナスの物事とがあります。私たちを楽しませるものはプラスであり、苦しみをもたらすものはマイナスです。また自分を高めてくれる人はプラスの存在ですが、自分を堕落させる、あるいは自分に悪意を持って攻撃してくるような人は、マイナスの存在でしかありません。

人生と戦う気概にあふれた人たちは、目の前に現れるマイナスの物事に戦いを挑み、打ち勝つ道を選びます。

*苦しみと戦う――

「楽聖」と呼ばれた大作曲家のベートーヴェンが、まさにそうでした。彼の残した言葉に「悩みを突きぬけて歓喜に到れ!」「運命の喉元をしめつけてやる!」などがあります。

有名な話ですが、ベートーヴェンは、音楽家として活躍している最中に持病の難聴が悪化し、徐々に聴力を失っていきます。また結婚に失敗し、有名になっても貧乏の連続で、養子に迎えた甥が恩を仇で返すような態度をとり続けるなど、家庭的にも不幸な人でした。しかし、そんな中で悩みと一人で戦い、喜びを求めながら、あの「第九」の「歓喜の歌」を作曲しています。ノーベル文学賞を受賞したフランスの作家ロマン・ロランは、このベートーヴェンを魂の師匠と仰ぎました。そして『ベートーヴェンの生涯』を著し、万感を込めて次のように綴っています。

不幸な貧しい病身な孤独な一人の人間、まるで悩みそのもののような人間、世の中から歓喜を拒まれたその人間がみずから歓喜を造り出す——それを世界に贈りものとするために。

（片山敏彦訳、岩波文庫）

ベートーヴェンの「歓喜の歌」は、悩みとの苦闘が生み出した歓喜の調べであり、彼と同じく苦しみと戦いながら生きる人々への、この上ない精神の贈り物ではないか。ロランは称えます。ベートーヴェンは、苦しみと戦う人生の見本を、われわれに示してくれたと言えるでしょう。

＊悪と戦う――

苦しみと戦う人はまた、悪とも勇敢に戦います。「悪とは何か」を定義することは非常に難しいのですが、今は、各人の良心に照らして許しがたい社会的存在を「悪」と呼ぶことにしましょう。私にとって、私に理不尽な害を与える者は悪人であり、私が義憤を感ずる行為は悪徳であり、私の誠実な生活を苦しめる機構や制度は社会悪となります。

このような諸々の悪に対し、西洋的な精神は真正面から戦いを挑みます。個々人が悪と戦うにとどまりません。西洋では、悪と戦う精神が人間関係のルールを規定し、社会制度にまで浸透しています。旧約聖書の中に次のような言葉がある。

人の血を流すものがあったら、他の人によってその血は流される。

（『創世記』第九章、関根正雄訳）

まさに「目には目を、歯には歯を」という、悪への厳しい態度です。ジョン・ロックという近代のイギリスの哲学者は、この聖書の言葉を引きながら「殺す者を殺す権利」を主張しました。

各人は自然状態においては、人を殺した者を殺す権力を持っている。
（『市民政府論』鵜飼信成訳、岩波文庫）

ロックは、地上に国家が作られる以前の「自然状態」について論じ、そこから国家や社会のあり方を考え直そうとします。――国家ができる前、人間は自由で平等だった。支配も差別もなく、人々は、ただ神が授けた自然の法によって平和に生活していた。ところが中には、自然法を逸脱して人を殺す者が出てくる。殺人者は、神が人間に与えた規則と理性を否定するのだから、野獣と同様に殺してもかまわない。現に、聖書の『創世記』にそう書かれてある――。ロックの理論では、こういった考え方で「殺す者を殺す権利」を正当化します。

アメリカ民主主義の源流の一つは、ロックの政治哲学です。そこでは聖書を根拠に「殺す者を殺す」権利が唱えられている。こうしたことから、今のアメリカは一般市民が銃を持てる社会になっています。「悪と戦う」精神が権利として保障され、制度化されているわけです。

もっとも、「目には目を、歯には歯を」という旧約聖書の律法を知りながら「復讐の禁止」を唱え、「右の頬を打ったら、左をも向けよ」と説いたイエス・キリストのような存在も、われわれは忘れてはなりません。西洋には、キリストの教えなどに基づく「非暴力」と「愛」

の精神も深く根づいています。西洋文明は奥が深く、豊かさに満ちています。だから、あまり単純に考えてはならないのですが、西洋人の社会観の根っこに悪と戦う精神があることは銘記すべきでしょう。

＊仕事を使命とする――

人生と戦う精神は日常生活にも反映されます。そのことは、西洋的な「仕事」の観念によくあらわれています。

社会学者のＭ・ヴェーバーによると、近代のキリスト教徒のうち、プロテスタントのカルヴァン派などは職業を神から与えられた「天職」（英calling, 独Beruf）と見なし、禁欲的で合理的な生活態度を守って仕事に精励したと言います。

仕事は使命である、神が自分に与えた天職である、と考えるわけです。「神のためにあなたがたが労働し、富裕になるというのはよいことなのだ」とは、一七世紀のイングランドの牧師であるＲ・バクスターの言葉です。ヴェーバーは、宗教的な使命感を持って休みもせずに働き、蓄積した資本を投下していったプロテスタントたちの影響を受けつつヨーロッパの産業が発展し、やがて信仰面が抜け落ちて資本主義の精神になったと主張します。

そうして生まれた資本主義の精神の代表者として、一八世紀のアメリカの思想家、Ｂ・フランクリンの名が挙げられるでしょう。ヴェーバーの著書に引かれた、フランクリンの「説教」の一部を紹介してみます。

時間は貨幣だということを忘れてはいけない。一日の労働で一〇シリング儲けられるのに、外出したり、室内で怠けていて半日を過ごすとすれば、娯楽や懶惰のためにはたとえ六ペンスしか支払っていないとしても、それを勘定に入れるだけではいけない。ほんとうは、そのほかに五シリングの貨幣を支払っているか、むしろ捨てているのだ。

貨幣は繁殖し子を生むものだということを忘れてはいけない。貨幣は貨幣を生むことができ、またその生まれた貨幣は一層多くの貨幣を生むことができ、さらに次々に同じことがおこなわれる。五シリングを運用すると六シリングとなり、さらにそれを運用すると七シリング三ペンスとなり、そのようにしてついには一〇〇ポンドにもなる。

（『プロテスタンティズムの倫理と資本主義の精神』大塚久雄訳、岩波文庫）

時間を無駄にせずに働き、どんどんお金を増やしていくことが、道徳的な義務として語られています。この義務の感覚は一種の使命感とも言えるでしょう。

そもそも西洋には、仕事を通じて世の中の役に立つ、といった職業上の使命感もあります。ヴェーバーは、ヨーロッパの宗教改革の中心人物となった一六世紀の神学者、M・ルターが「世俗の職業労働こそ隣人愛の外的な現われだと考えた」ことを紹介しています。

すると、近代以降の西洋社会は、経済的成功と社会貢献の両方を道徳的に奨励していることになるでしょう。事実、アメリカなどでは、巨万の富を得たスポーツ選手や映画スターなどがチャリティー活動を熱心に行っています。金儲けに道徳的あるいは宗教的な使命感を抱く人たちが、利他的な活動を行うのは、何ら不思議なことではありません。そういう精神的土壌を持たない日本では、近年までなかなか見られなかった現象です。

このように、金儲けも含めた職業生活の全体を使命の場と見なす思考は、西洋、なかんずくアメリカ社会に広く浸透しています。信仰を通じて人生と戦う積極性に目覚めた者が、神の栄光のために仕事に励んで資本を蓄積する思想を生み、そのうちに利潤の追求自体が神聖化され、他方では富裕層による慈善活動も定着化した、ということでしょうか。いずれにせよ、仕事を使命とする精神は戦う積極性に満ちています。

3　人生を味わう――静かな積極性

「人生と戦う」という、困難を突破する弾丸のごとき積極性、堅い積極性について説明しました。次に、「人生を味わう」という静かな積極性の話に移ります。

静かな積極性は東洋の心です。「ぶつからずして動かす」風のごとき積極性であり、「逆らわずして勝つ」「静かに動く」哲学とも言えます。苦しみの元である受動性をこばまず、むしろ進んでそれにしたがうことで受動性をそのまま積極性へと変えてしまう。静かな力の積極性です。

儒教は人間の努力を重んじ、道教はこれに対抗して自然な生き方を説くと言われます。その点で両者は対極的です。静かな積極性は道教の立場であって、儒教は違うように見えます。しかし人為性を強調する儒教も、どうしようもない時流や運命に突き当たった時は、そこに楽しみや安心を見出すべきことを教えている。『論語』に「貧乏であっても道義を楽しむ（貧しくして道を楽しみ）」と、また『中庸』に「君子は安らかな境地にいて運命のなりゆきを待つ（君子は易に居りて以て命を俟《ま》ち）」とあるごとくです。

儒教や道教に言う「柔らかさ」や「楽しみ」は、私の分類では静かな積極性にあたります。道教の始祖とされる老子が「柔弱は剛強に勝つ」と言う時、その「柔」は静かな柔らかさです。儒教で「君子の楽しみ」を語る時、それは静かな楽しみを意味しています。東洋の文化の基底には、こうした静かな積極性がたゆみなく流れているように思われます。スポーツ競技で言えば、韓国のテコンドー、中国の太極拳、日本の柔道など、いずれも静かな柔らかさで勝つ信条を持っています。

これに対して私は、大乗仏教の般若思想や法華思想に説かれる、一切を生かして使うような、自由自在で強き心を真の東洋の「柔らかさ」「楽しみ」と見るのですが、詳しい説明は次の項目に譲ります。ここでは、私たち東洋人の人生観に深く浸透している静かな積極性を論じていきましょう。

（1）運命と安心

＊運命と共に歩む――

運命について、東洋的な思考は西洋のように運命の先を行くことを考えず、ただ運命と共に歩もうとします。儒教において孔子の次に重視される孟子は、次のように述べています。

短命でもよく、長命でもよし、道徳を修行しながら、天命つまり寿命の尽きるのを静かに待っているのが、安心立命の根本である。

殀寿《ようじゅ》弐《たが》わず、身を脩《おさ》めて以てこれを俟《ま》つは、命を立つる所以なり。（『孟子』）

正しく生きて努力しているかぎり、どんな運命にも安心してしたがっていける。ここで強調されているのは安心感です。運命と一緒に安心して進む生き方です。正しい道を全力で生きれば、どんな結果になろうと安心である。孟子は「道にしたがって全力を尽くして死ぬ人は、正しい運命を受けたのである（その道を尽くして死する者は、正命なり）」とも言います。

運命と戦うだけの人は、戦いに敗れた時に救いがありません。だが、運命と共に歩める人は、たとえ戦いに負けても安心している。「道」にしたがって生きた以上、本当の戦いには勝ったのだと信じられるからでしょう。

＊生も安心、死も安心——

運命と共に歩むならば、人生のすべてが安心感に包まれます。中国には儒教の他に道教がありますが、その道教で非常に尊敬されている、荘子《そうじ》という人がいます。彼は、こんな言葉を残している。

生まれてきても喜ぶことがなく、死んでも不幸として悲しむことがない。なぜなら、物のはじめと終わりは循環して、同じところに固定することがないのを知っているからである。

生くれども説《よろこ》ばず、死すれども禍とせず。終始の故とす可からざるを知ればなり。

（『荘子』）

朝が来れば夜が来て、また次の朝が来る。それと同じことで、生れては死ぬ、という循環のリズムは自然の働きである。だから、喜ぶことも悲しむこともない。自然の循環のリズムというのは、仏教で言えば「法」、儒教や道教で言えば「道」です。儒教と道教とでは意味が違いますが、とにかく「道」という教えがあります。思うに、東洋の思想はどれも天地自然のリズムを大事にしてきたわけです。

自然の循環のリズムにしたがって、私たちは生まれ、そして死ぬ。誰が悪いわけでもない。ただ「道」の働きである。そう思えば、根本的に安心である。生きることも安心、死ぬことも安心である。こうして道教の人生哲学の中にも、運命に対する根本的な安心感を見出すことができます。

（2）マイナスと調和する

また今、紹介した荘子は、次のような話もしています。かなり長いのですが、興味深い考え方なので、参考となる箇所を抜き出して紹介します。

南伯子綦《なんぱくしき》が商の地にある丘に遊んだとき、大木をみつけた……これを見た子綦は「これはいったい何の木だろう。これはきっと上等の材木がとれる木に違いない」とつぶやいた。ところが、上を向いて、その小枝を見ると、拳のように曲がりくねって、棟木や梁にすることはできないし、うつむいて太い根元のほうを見ると、うつろになっていて、棺桶をつくることもできない。その葉をなめてみると、口がただれて傷がつき、そのにおいをかいでみると、ひどく酔っぱらって、三日たっても、まだ気がつかないというありさまである。そこで子綦も、はじめて気がついた。「これは、やはり材木にならない木であった。だからこそ、ここまで大きくなれたのだ。あの神人というのも、この木のように才能がなかったからこそ、あの境地に達することができたのであろう。

南伯子綦、商の丘に遊びて、大木を見る……子綦曰わく「此れ何の木ぞや。此れ必ず異材有らん」と。仰いで其の細枝を見れば、則ち拳曲して以て棟梁と為す可からず。俯して其の大根を見れば、則ち軸解して以て棺槨と為す可からず。其の葉を咶《な》むれば、則ち口爛れて傷を為し、之を嗅げば、則ち人をして狂酲すること三日にして已まざらしむ。子綦曰わく「此れ果たして不材の木なり。以て此の其れ大なるに至れるなり。神人も此の不材を以てす。

（『荘子』）

人間から見て、まったく使い物にならない木の方が、かえって大木になれる。花の例で考えると、もっとわかりやすいでしょう。きれいな花は人目を引く。それで誰かが、さっさと摘んで持って帰る。だから生き残れない。ところが誰一人として見向きもしない雑草は、邪魔にさえならなければ、いつまでもそこに生えている。そして結局、一帯に繁茂します。

このように、かえって何の変哲もない人間の方が、回りから騒がれない分、自由に生きて、最後には成功する場合があります。コンプレックスがあっても前向きに生きる。これは、人生においてマイナスの存在と調和していく生き方と言ってよいでしょう。

＊苦しみと調和する――

マイナスと調和できる人は、苦しみとも調和できます。運命に心から安心している人は、苦しみと戦うべき時は戦うけれども、どうにもならない場合は苦しみとの調和をはかるものです。

孔子が「小さいことにがまんしないと大計画を害する（小、忍びざれば、則ち大謀を乱る）」（『論語』）と言うように、必要な時に苦しみと調和できる者は大きな勝利を手にできます。苦しみと調和することも、大事な戦いなのです。

＊悪を見つめる——

またマイナスと調和する人は、社会的な悪に対しても一方的に攻めるだけではありません。静かな積極性でマイナスと調和することは、悪をよくよく見つめる態度につながります。すると、悪人の中にも善い所があり、善の側に立つはずの自分にも悪い点があることに気づくでしょう。

マイナスと調和する人は、善と悪とを本質的には区別しないのです。悪を放っておけ、という意味ではなく、悪が善を生むことも知っているわけです。また他方で、自分の中にも善と共に悪があることを認めています。あらゆる人々がそうなれば、互いに学び合い、誡め合い、すべてを向上の糧にしていくことができます。共生・対話・教育を重んずる地球規模の文明を構築する上で、このような東洋思想は積極的な役割を果たしうるでしょう。孔子は言っています。

わたくしは三人で行動したら、きっとそこに自分の師をみつける。善い人を選んでそれに見ならい、善くない人にはその善くないことを〔わが身について〕直すからだ。

我れ三人行なえば必ず我が師を得。其の善き者を択《えら》びてこれに従う。其の善からざる者にしてこれを改む。（『論語』）

善い人から学ぶのは当たり前ですが、悪い人も反面教師であって自分自身の悪を戒めるためには必要という考え方です。これは、最初から善悪を区別せずに悪を調和的に見つめるから、そうなるのだと思います。

＊仕事と調和する——

社会的な悪を調和的に見つめられるほどになれば、恐らく、どんな仕事の状況とも調和していけるでしょう。孟子が、孔子について語った言葉です。

つかえるべきときはつかえ、辞職すべきときは辞職し、ながく続けて在職すべきときは続けて在職し、早急に辞職すべきときは早急に辞職する。それが孔先生だ。

以て仕うべくんば則ち仕え、以て止むべくんば則ち止み、以て久しかるべくんば則ち久しくし、以て速やかにすべくんば則ち速やかにする。
（『孟子』）

仕事を続けるべき時、仕事を辞めるべき時、すべてに時がある、と孟子は言います。人生のリズムに則って積極的に生きよ、ということでしょう。人生のリズムは宇宙のリズムであり、それに乗る人には宇宙が味方についている。だから、最後は必ずいい方向に行く。そう確信して、積極的に流れにしたがうわけです。

当然、これは、あきらめや妥協などとは違います。静かな積極性です。時には状況に逆らわない積極性もあるのです。自分の思い通りに進むことだけが、積極的な生き方ではありません。私たちは、もっと、こうした東洋の智慧に目を向け、自らの人生に生かしていくべきではないでしょうか。

4　人生を楽しむ──柔らかな積極性

いよいよ第三の積極性、「人生を楽しむ」に入りたいと思います。「楽しむ」というのは、まず受け身の気持ちではありません。楽しむこと自体が一つの積極性である、柔らかな積極性であると、私は考えます。

先ほど堅い積極性を弾丸、静かな積極性を風に譬えましたが、柔らかな積極性は、万物を育む太陽のごとき積極性と言えるかもしれません。静かな積極性の特徴が「安心」であるとすれば、柔らかな積極性のそれは「元気」です。

(1) 運命と自由

元気な柔らかさ(柔らかな積極性)が、安心の柔らかさ(静かな積極性)と異なる点は、いついかなる場合も自由であるところです。ここで「自由」というのは、心の軽やかさのことです。つまり、何でも好き勝手にできる自由ではなく、何があっても軽やかな気持ちでいる。体の自由がなくても心はいつも軽くて楽しい、元気だ、と。これが、東洋哲学の精華たる大乗仏教の自由です。したがって、もし変えられない運命があるとしても、柔らかな積極性の人なら、それを進んで引き受け、楽しんでいけるのです。

＊自らが選んだ人生――

柔らかな積極性に基づく人生は、いつも楽しい。なぜでしょうか。根本的には生命の活力によるわけですが、人生観の上から言えば、すべて自分で選んだ人生だと考えるから常に楽しいのです。

西洋的な堅い積極性に基づく人生は、神が定めた人生です。そこには、栄光と挫折が同居している。神が作った、悲喜こもごもの人生のドラマなのです。楽しいことばかりではありません。

ベートーヴェンは悪戦苦闘の人生を送りましたが、医者から死の宣告を受けた時に「友よ拍手を。喜劇は終わった」と言ったそうです。古代キリスト教の神学者であるアウグスティヌスが、同じような言葉を残しています。有名なイギリスの劇作家シェークスピアも、人生はドラマのようなものだ、われわれは神によって決められた役を演じている、との考え方を示している。一切を神が定めた人生の劇と見るのが、多くの西洋人の人生観でしょう。

ところが、自分では「さあ、これからが本番だ」思っている矢先に、突然、神が芝居を打ち切ったら、どうなるか。普通は、やり切れない気持ちに襲われます。それが、「喜劇は終わりだ」というベートーヴェンの言葉です。「神が定めた人生」には、この辛さがあるのです。

それに対して、人生がドラマだとしても、ドラマを作ったのは神でなく自分自身だったとすれば、どうでしょうか。たぶん、運命を呪うことはなくなります。じつはこれが、仏教的な人生観の究極なのです。『法華経』の法師品、鳩摩羅什の漢訳では「自在所欲生」の箇所に、こうあります。

後の世に、この上ないこの経典を語る人は、生まれ変わるに際して、その誕生を選ぶ力によって、そこに姿を現したのだ。

『法華経』を説く人にとって、人生は自分で選びとったものである。このように示されているのです。仏教的な世界観にしたがうなら、宇宙には無量無辺の生があります。無限の生の中から自らが選びとった今の人生ですから、自分自身で人生のドラマを作ったも同然でしょう。だから今、不幸であるにしても、自分が作った人生のドラマの中で進んで不幸な役を演じていると考える。これが法華経的な人生観です。

周知のように、仏教では「業《ごう》」の思想を認めています。業とは「行ない」の意味で、私たちの一つ一つの行ないの余韻が命の奥底に蓄積され、未来の人生に苦楽の結果をもたらす力になると考えられています。善い行ないは幸せを招き（善因楽果）、悪い行ないは苦しみを呼ぶ（悪因苦果）。この考え方でいくと、人の運命を決めるのは峻厳な因果の理法であって、私たちが自分の人生を自由に選んだりすることなど許されないはずでしょう。

しかし、そうではありません。因果の理法があっても、人は自由に生きることができます。それには、ただ理法に対する私たちの態度を変えればよいのです。これを教えたのが『法華経』です。すなわち、『法華経』は、因果の理法に縛られる受動的な立場から、因果の理法を生かす能動的な立場へのコペルニクス的な発想転換を、私たちに勧めているのです。因果の理法によって決定された自分の運命を、「いや、これは同じ苦しみを持つ人々を救うために、自分自身があえて選び、望んだ道なのだ」と強く決め切るように教えているのです。

こう決めた人は、因果の理法と一体の次元すら超え、もはや理法の主人になっています。何かによって生かされているのではなく、生かす力それ自体になっている。苦しみの元である受動性に対して、嫌いもせず、受け入れもせず、自由自在です。だから、いかなる運命も進んで引き受け、楽しんでいける。そして、どこまでも人生を楽しむ積極性のうちに、いかなる運命の過酷も自分が耐えうるものへと変わっていくのです。

＊運命を楽しむ――

自分が作った人生のドラマであれば、もう誰かが途中でそれを打ち切ることはありません。何があっても安心であり、楽しく生きていけます。かりに今、死ぬことになっても、自分で望んだ結末ですから何の後悔もない。

『法華経』の教えを実践した鎌倉時代の僧侶・日蓮は、五十歳の時に幕府の権力者から睨《にら》まれ、逮捕されて首を切られることになりました。次に紹介するのは、処刑に向かう際の日蓮の言葉です。

今夜、私は首を切られに行く。この数年間、願ってきたことがこれだ……わかっていない殿方だな、これほどの悦びを笑いなさい。

（『種々御振舞御書』現代語訳）

今夜頚切られへまかるなり、この数年が間願ひつる事これなり……不かくのとのばらかな、これほどの悦びをばわらへかし。

（原文）

結局、首切りは中止になったのですが、日蓮は、殺されても喜ぶような人生への積極性を持っていました。似たような態度をとった人として、私は、古代ギリシャの哲学者であるソクラテスを思い起こします。

ソクラテスもまた、確たる証拠もないのに死刑を宣告され、最後は自ら進んで毒を飲みました。その時、ソクラテスを尊敬する人が横にいて大声で泣いた。するとソクラテスは、平然とこう言ってたしなめたとされています。

何ということをするのだ、あきれた人たちだね……僕が女たちを家にかえしたのも、おおかたはこんな間違いをしでかさないようにとの心づかいからだったのだ。人は心静かに死ぬべきだと聞いているものだから。さあ落ち着いて、挫けないでいてくれたまえ。

（プラトン『パイドン』田中美知太郎・池田美恵訳、新潮文庫）

自分が死んでいくのに周りの人たちをたしなめ、励ます余裕がある。そこが日蓮と似ています。ソクラテスは神から授かった使命に生きようとした人であり、〝自らが選んだ人生〟という法華経的な発想は持ち合わせていませんでした。けれども彼の場合、死が善いものだ、素晴らしいものだ、と考えていた。だから、死すべき運命を進んで引き受け楽しもうとする、柔らかな積極性があったように思われます。

＊生も歓喜、死も歓喜――

死の運命をも楽しむ、こうした態度は、明らかに、私たちの生命が永遠であるとの信念に基づいています。日蓮もソクラテスも、魂の永遠の自由を願い求めていました。そこに共感できて初めて、死ぬことも喜びだ、という彼らの心境が少しはわかるのでしょう。私たちの命は「ここにある」と指さすわけにはいきませんが、無いかと言えば厳然とあります。それと同じように、死後の生命も無いと言えば無いが、あると言えばあるのだと、私自身は考えています。

さらに言うと、宇宙の根源を生命的な「大我」とも見なす私のような大乗仏教徒にとって、死とは生命の故郷に帰る、安らぎへの道に他なりません。そうして死を魂の充電期間とし、生死のリズムを楽しみながら、永遠に宇宙を旅しゆくのです。生きてよし、死んでよし、また生まれて仕事するもよし。しばらく生まれないでゆっくり休むもよし。そうした、自由自在で宇宙的な心の軽やかさを指して「生も歓喜、死も歓喜」と語った人もいます。魂の永遠の自由があれば、私たちは生も死も楽しんでいけるのです。

（2）マイナスを楽しむ

心が元気で軽やかな人は、人生で出会うマイナスに対しても、それを楽しもうとするでしょう。自由自在の心ですから、苦しみと戦ったり調和したりもできますが、真骨頂はやはり苦しみを楽しむところにあります。

＊苦しみを楽しむ——

たまたまですが、日本の仏教研究家が書いた本を手にとって軽く読み流していると、ある箇所で「苦しみを楽しむ」ことが勧められていました。

笑えるときは笑っていいのですが、泣いて苦しむときは泣き苦しめばいいのです。苦しみを楽しむことができれば、あなたの人生はすばらしい人生になります。それが「現在」を楽しむことです。

（ひろさちや『「狂い」のすすめ』集英社新書）

苦しいなら、苦しいでいいじゃないか。苦しみを素直に受けとれば楽になるよ。そのような意味でしょうか。元気な楽しさというよりも、儒教や道教に通ずる、静かな楽しさを説き勧めている気がします。「苦しみを楽しむ」と言いながら、実際には「苦しみと調和する」生き方を説いているように思えます。「楽しさ」にかんする考え方の違いなので、あえて否定も肯定もしません。ただ、どちらにしても、「苦しみを楽しむ」というのは凡人には難しい、達人の境地です。問題は、どうすればその境地に入れるかでしょう。

本を読んで、「ああ、そうですか」とわかっただけで人生が変わるのなら、誰も苦労はしません。積極的に「苦しみを楽しむ」ためには納得よりも強さです。それも心の強さです。どこまでも自己自身を信ずる。それができなければ、偉大な精神から励ましを受けていく、そうして、われわれの心が強く元気になってこそ、心軽やかに「苦しみを楽しむ」という境地が実際に開けてくるのではないでしょうか。

釈尊も、苦しみに耐えるには元気さが大事であることを、身をもって示しています。歴史上の釈尊は人間ですから、死ぬ前には病気でひどく苦しんだ。中村元訳の『大パリニッバーナ経』には、その模様が次のように記されています。

さて尊師が雨期の定住に入られたとき、恐ろしい病いが生じ、死ぬほどの激痛が起った。しかし尊師は、心に念じて、よく気をつけて、悩まされることなく、苦痛を堪え忍んだ。そのとき尊師は次のように思った、——「わたしが侍者たちに告げないで、修行僧たちに別れを告げないで、ニルヴァーナに入ることは、わたしにはふさわしくない。さあ、わたしは元気を出してこの病苦をこらえて、寿命のもとを留めて住することにしよう」と。そこで尊師は、元気を出してその病苦をこらえて、寿命のもとを留めて住していた。すると、尊師のその病苦はしずまった。

（『大パリニッバーナ経』岩波文庫）

こうして釈尊は、心の強さによって病苦をこらえ、やがて病から回復し、さらに弟子たちに法を説き教えたと伝えられています。

近頃、笑って病気を治せ、という医者がいるそうです。笑うと免疫力が増して、病気の治療に効果があると言うのです。日本だけでなく、欧米にも「笑い療法（laughter therapy）」というのがあります。N・カズンズというアメリカの著名なジャーナリストは、笑いの力で難病である「膠原病《こうげん》」を克服したことで知られています。彼の著書から少し、印象的な言葉を拾っておきましょう。

効果はてき面だった。ありがたいことに、十分間腹をかかえて笑うと、少なくとも二時間は痛みを感ぜずに眠れるという効き目があった。

生命力というものは地球上でもっとも理解されていない力かも知れない。

（『笑いと治癒力』松田銑訳、岩波現代文庫）

カズンズ氏は、実体験の上から、笑いが難病の痛みを忘れさせることを指摘し、病人にとって明るく生命力を増していくことがいかに大事かを訴えています。要するに、病気を治す鍵は生命力の蔵にある、と体験的に主張しているのです。現実の上で「苦しみを楽しむ」には、私たちの生命力こそが大切だと言えるでしょう。

＊悪を生かす――

心が強く元気になると、悪に対する考え方も変わってきます。静かな積極性は悪を見つめますが、柔らかな積極性は悪を生かそうとします。すなわち「悪なくして善なし」との関係主義に立ち、悪が善のために不可欠な役割を果たしていると考えるようになるのです。『維摩経』という大乗仏教の経典に、こうあります。

十方の無量無数の世界の中で魔王となる者は、多くは不可思議解脱に住するぼさつ（菩薩）である。それは、ぼさつが方便力をもって衆生を教化しようとして、魔王のすがたを現じたのである。また十方の無量のぼさつのところに誰か人がやって来て、手、足、耳……を乞うたときに、このように乞う者は多くは不可思議解脱に住するぼさつである。それはぼさつが方便力をもってかれらのところに往って、かれらを試み、かれらを堅固ならしめようとするのである。（中村元訳、中村元編『大乗仏典』所収、筑摩書房）

魔王や乞食は人を救う菩薩である。われわれはむしろ彼らのおかげで信仰を鍛え、固め、本当の仏道修行ができる。そうした意味にとれるでしょう。この考え方から、悪人を憎んで叩きつぶすような行動は出てこない。非常に平和的です。

「悪を生かす」という思想は、何も仏教にかぎった話ではありません。儒教や道教に説かれた「悪を見つめる」姿勢も、本質的には「悪を生かす」ことです。ただ、その静的な性格から、「生かす」というより「見つめる」と表現した方がよいと思ったのです。

また、「悪と戦う」態度の根底に「悪を生かす」精神を置く西洋の思想家もいます。ゲーテなどがそうです。彼の代表作『ファウスト』の「序曲」の中に、こんな神の言葉が見られる。


人間の活動はとかく弛《たる》みがちなもので、得てして無制限の休息を欲する。だからわしは彼らに仲間をつけてやって、彼らを刺激したり促したり、悪魔としての仕事をさせるのだ。

（『ファウスト』相良守峯訳、岩波文庫）


悪魔は人間を刺激するのが仕事である。悪魔がいるから、それと戦って人間が立派になれる。悪魔を人間が成長するためのパートナーと見るわけで、東洋の「悪を見つめる」「悪を生かす」と同じ思想性を感じさせます。洋の東西を問わず、悪の本質を見極める智慧は「生かす」立場をとると言えましょう。

なお、『法華経』の授記品には、悪魔さえ仏の正義を受け入れようとする世界が描かれています。漢訳で「魔及び魔の民ありといえど雖《いえど》も、皆、仏法を守らん」とされる箇所です。ここまでくると、悪それ自体が善の働きをするわけですが、十分な説明を要する問題なので今は詳しく立ち入りません。

＊仕事を楽しむ——

さて、悪を生かせるような人になれば、どんな仕事でも楽しめるでしょう。フランスの哲学者アランは、仕事を楽しむ秘訣が積極性にあると言っています。

仕事というのはすべて、自分が支配者であるかぎりはおもしろいが、支配されるようになると、おもしろくない。

（前掲書『幸福論』）

その通りでしょう。私事ですが、初めて会った人から「趣味は何ですか」と聞かれて「哲学関係の本を読むのが好きです」と私が答えると、たまに「勉強家なんですね」などと返され、半ば呆れられてしまいます。しかし、これは何か誤解していると思うのです。好きでやる自分の研究と、無理やりやらされる学校の勉強とは、まったく違います。海でサーフィンをする人は荒波を楽しみます。でも、小さなボートに乗って漂流している人は波が怖くて仕方がない。同じ波なのに、こちらが積極的であるかどうかで感じ方が一八〇度変ってきます。だから、大事なのは積極的であることです。積極的になれば、大概何でも楽しくなります。

中でも、柔らかな積極性には限界がありませんから、もうすべてが楽しい世界が開けてきます。堅い積極性が「直線」だとすれば、柔らかな積極性は「円」にたとえられます。直線には終わりがありますが、円の線には終わりがない。終わりがない円のような人は、いつでもどこでも積極的です。だから、どんな環境にいようと心は常に軽やかで楽しい。釈尊は「悩める人々のあいだにあって、悩みなく、大いに楽しく生きよう」(『ダンマパダ』中村元訳、岩波文庫)と語っています。

また、円の線を切って伸ばせば直線になります。あたかもそのように、柔らかな円の積極性を、あえて堅い直線の積極性に変えることもできるでしょう。要するに自由自在です。中道の積極性と言ってもよい。したがって仕事を、単なる金儲けのための戦いの場とは見ませんし、反対に、周囲に合わせて忍耐するだけの場ともとらえません。ドイツの経済学者で、「仏教経済学」を唱えたE・F・シューマッハーは言っています。

現代の経済学者は「労働」や仕事を必要悪ぐらいにしか考えない教育を受けている……仏教的な観点からすると、仕事の役割というものは少なくとも三つある。人間にその能力を発揮・向上させる場を与えること。一つの仕事を他の人たちとともにすることを通じて自己中心的な態度を棄てさせること、そして最後に、まっとうな生活に必要な財とサービスを造り出すことである。

（『スモール・イズ・ビューティフル』小島慶三・酒井懋訳、講談社学術文庫）

ここで言われているのは、仕事に対するバランスのとれた積極性、中道の積極性です。仕事を通じて自己の能力を実現する、自己中心性を克服する、適正な財とサービスを得る、これらすべてを円満に実現しゆくには中道を行く必要がありましょう。柔らかな積極性の人にとって、仕事は中道を実践する場です。自分を高めながら、競争もしながら、しかしどこまでも皆と一緒に仕事を楽しもうとする。そうした共存共栄の場なのです。

5　人生の達人に学ぶ

人生を積極的に生きるための三つの方法を紹介してきました。人生と戦う、人生を味わう、人生を楽しむ。この三つは、厳密には区別できません。人生と戦う中にも味わいや楽しさがあるし、人生を楽しむには、時に戦ったり、静かに味わったりする必要がある。私が三つに分類したのは、あくまでも説明上の便宜としてです。私たちは、西洋からも東洋からも、謙虚に人生の智慧を学んでいかねばなりません。

そこで最後に、「人生の達人に学ぶ」という点を強調しておきたい。つまりは尊敬できる人を持つということです。まず釈尊の言葉です。

この世では自分よりもすぐれた人とつき合え。

（『ウダーナヴァルガ』中村元訳、岩波文庫）

意味は読んで字のごとくでしょう。次に、孔子の言葉です。

（師から）学ぶには及ばない。

学ぶに如かざるなり。

（『論語』）

やはり、自分よりもすぐれた人から学ぶことの大事さを教えています。これは何も、東洋独特の精神性ではありません。西洋人のゲーテやロマン・ロランも、すぐれた人から学ぶことの重要性を説いています。

最善をなそうと思ったら　自分自身に安住していないで名人の心に従え、名人と共に迷うのは得るところがある。

（ゲーテ『格言的』高橋健二訳、『ゲーテ格言集』所収、新潮文庫）

不幸な人々よ、あまりに嘆くな。人類の最良の人々は不幸な人々と共にいるのだから。その人々の勇気によってわれわれ自身を養おうではないか。

（前掲書『ベートーヴェンの生涯』）

すでに述べたように、ロマン・ロランはベートーヴェンを魂の師と仰いでいました。少年時代から、生きることに疲れるとベートーヴェンの音楽を聞いたそうです。彼の不屈の生涯からも、生きる勇気と力をもらったことでしょう。

ロランは、後に作家として国際的な名声を博しましたが、母国のフランスでは嫌われることもあったようです。すぐれた才能や人格の人は、なぜか近しい人たちから尊敬されません。イエス・キリストでさえ「預言者が尊敬されないのは、その郷里と親族と家族のところだけである」（「マルコ福音書」）と語っています。ロランも、人道主義の立場から第一次世界大戦に反対する中で、祖国から非難を受けました。そんな時、もっと厳しい運命と戦い抜いたベートーヴェンの魂の声がロランの胸中に響き、語りかけ、励ましてくれたのではないでしょうか。

個人的なことを申しますが、私は元々悲観的な性格でした。けれども私には仏教者として師事する人がいて、その人から色々なことを学んでいるうちに、随分、楽観的で積極的になったと思います。今でも後ろ向きの考え方はありますが、こうして皆さんの前で人生の楽しさを語っているぐらいですから、少しはよくなったのでしょう。

では、いったい何を学んだのかと言うと、要するに元気であること、それから誠実であること、この二つです。私の師匠は、いつも元気な人です。調子が悪い時でも元気なのです。自分が元気だから他人のことも気になる。日本全体のこと、人類全体が気になる。それを余計なおせっかいと感じる向きもあるようですが、根が誠実な人ですから、実際に会ったら好感を持つことが多いと聞いています。

不思議なことに、「元気」や「誠実」は人から人へと伝染します。元気な人と会っていると自分も元気になり、誠実な人に会うとこちらも心が真っ直ぐになってくる。だから、人生の達人に近づくことが大事なのです。

たとえば、「正直に生きよ」という教えがあります。それを理解し覚えたところで、いざ実行となると、なかなか難しい。「わかっているけど、できない」というのが、人間の悲しい性でしょう。

そこで、人生の師匠が必要になる。倫理や道徳をただ学ぶのではなく、それらの大本である偉大な精神から感化を受けるのです。これが師を求める意味です。あるいは、師を持てなくても、いい人に近づく、いい友だちを持つ。それだけでも自分が善くなるきっかけをつかめます。「道徳を学ぶ」よりも「人格に触れる」方が、はるかに人間の心を変える力になれる。私はそう信じています。

まとめ

話も、結論を出すところまで来ました。人間は生まれた時から受動的であり、受動性の苦しみを宿命づけられています。と同時に、人間は地上で最も強力な積極性、自由を持った動物でもある。本日は、人生に対する積極性をテーマに、文明論的な視点から種々論じてみました。

人間、頑固に前に突き進むだけが強さではありません。東洋的な、静かに周りと調和する強さ、また柔らかにすべてを楽しむ強さというのもあります。そして柔らかな強さには、突き進む強さも、静かな強さも含まれている。働くも休むも自在、進むも止まるも自在です。だから、何があっても人生を楽しんでいける。私が言いたかったのは、概ねこのようなことです。

先月、私はヨーロッパのスペインに行き、大学や公共の施設等で『法華経』について話をしてまいりました。スペインの心ある人々は、『法華経』の柔軟な考え方や人間を尊敬する精神に深い感銘を受けていました。

西洋的な戦闘精神は非常に大事です。戦いなくしては進歩も成長もない。しかしながら、敵を叩《たた》きつぶすような戦いには限度があります。また、どうしても争いごとが増えてくる。そこに東洋的な戦い方、静かな積極性や柔らかな積極性が真剣に求められるゆえんもあるのでしょう。

この東洋思想研究所が、世界の知性と連携していく意義は大きいと信ずるものです。私も研究所の一員として、及ばずながら力を尽くすことを誓いつつ、話を終わらせていただきます。

第二章　宮沢賢治は法華経的なのか

はじめに

　二〇〇五年の三月に、私は近代の日蓮仏教にかんする本を上梓しました。題名は『日蓮仏教の社会思想的展開』（東京大学出版会）と言います。日蓮から影響を受けた近代日本の思想家たちの中には、独創性豊かな仏教的社会思想を展開した人たちがいました。たとえば、国柱会の田中智学や「二・二六事件」の首魁《しゅかい》と目されて処刑された北一輝は、仏教の立場からウルトラ・ナショナリズムを唱えた人物でした。また、そうした流れの延長線上に、昭和の戦時期、石原莞爾《かんじ》の「世界最終戦争論」が登場します。他方、彼らのような宗教的ナショナリズムとは対照的に、現代的な意味での「共生」を希求し、その思想的な拠り所を日蓮仏教に求めた人たちもいました。「新興仏教青年同盟」の妹尾義郎《せのうぎろう》や「創価教育学会」の牧口常三郎、そして近代の文学者として名高い宮沢賢治などがそうです。

　私は、近代の日蓮仏教がこのように対照的なイデオロギーに分岐した理由は何だったのか、という疑問を抱きました。そこで、彼らの思想形成史をもう一度再検討しようと思ったのが、この本を執筆した主な動機です。考察の結果、大まかに言うと、次の二つの見解が得られました。

一つは、近代日本に現れた日蓮仏教的イデオロギーが複合的な思想であって、そのアイデンティティーの問題を決して一つの思想や宗教には帰着させられない、というものです。キリスト教やイスラム教の原理主義を見てもわかりますが、およそ近現代の宗教的イデオロギーを、ただ一つの思想要因に還元して論ずることはできません。近代の日蓮仏教的イデオロギーについても、それがよくあてはまります。

もう一つは、多くの場合、それぞれの日蓮仏教者の思想傾向を決定づけた最大の要因が人格形成期の精神性だったということです。俗に「三つ子の魂百まで」と言います。私がとり上げた日蓮仏教者について言えば、明治人に特徴的な尊王愛国心、浄土真宗信仰、生来の霊感的性格などが彼らの思想的出発点となっており、そこから日蓮仏教をはじめとする様々な宗教・思想をとり込み、独創的な社会思想を形成していったことがうかがえます。

これらの見解を踏まえ、今回は、宮沢賢治における日蓮仏教的イデオロギーの問題を考えてみたいと思います。宮沢賢治が形成した日蓮仏教的なイデオロギーは、一種の仏教的な共生の観念ではないかと考えられます。今日、賢治の文学は様々な角度から高く評価されていますが、賢治ほど「われら」「みんな」「ともに」「いっしょ」といった言葉を多用した文学者は珍しいと言われています。賢治は、生きとし生けるものの幸福の実現を真剣に模索し、その切実な思いを自分の文学作品中に表現していきました。つまり、全生物の幸福を目指す共生の倫理観が、彼の文学思想の基底部に存するように思われます。そしてその共生倫理観には、従来、色々と指摘されてきたように、賢治自身の浄土真宗的な精神性と日蓮系の法華経信仰とが色濃く反映されていると言えます。

ただ、賢治の共生倫理観のどの面が真宗的精神性に由来し、どの面が法華経信仰や日蓮主義から影響されたものなのか、といった問題については、これまで細かい分析がなされていませんでした。私は、前掲拙著の第六章で、賢治における共生倫理観の形成史を詳しく考察しました。その成果に基づき、本報告では、賢治に見る仏教的な共生倫理の思想的複合性について論じていきます。なお、賢治のテクストは『新校本 宮沢賢治全集』（全一六巻、筑摩書房）から引用することにします。

1　賢治独特の真宗的精神性――現世救済への志向と自己犠牲の倫理意識

最初に、幼い頃の賢治に刷り込まれた真宗的精神性が、やがて共生への願望を芽生えさせていく様子を述べてみます。

大正元（一九一二）年、県立盛岡中学校で寄宿舎生活を送っていた賢治は、父の政次郎《せいじろう》に一通の手紙を送っています。そこには「歎異抄《たんに》の第一頁を以て小生の全信仰と致し候」と記され、当時の賢治が熱心な真宗信徒であったことがわかります。二百年来続いた真宗門徒の家庭に生まれ育った賢治は、伯母の手ほどきで四、五歳頃から「正信偈」や「白骨御文章《はっこつのごぶんしょう》」を暗誦していたと言います。

この家庭の真宗信仰は、賢治の原初の宗教的世界観を形作りました。まず賢治は、現実の苦しみの世界を忌み嫌うようになります。賢治の弟である宮沢清六氏は、清沢満之《きよざわまんし》門下の暁烏敏《あけがらすはや》に幼ない賢治がなついていたことを回顧しながら、そうした宗教的環境が「前からその傾向のあった賢治に人の世の無常を極めて自然に染み込ませた」とし、そのゆえに「幼い頃から私の見た兄は、特に中学生のころと晩年のころは表面陽気に見えながらも、実は何とも言えないほど哀しいものを内に持っていたと思う」と述べています（宮沢清六『兄のトランク』筑摩書房）。幼少期の賢治は真宗的環境の中で現実の苦しみの世界を悲嘆するようになった、と実弟が証言しているわけです。

幼い賢治にとって、宗教とは、何よりも真宗的な絶対他力信仰によって、この苦しみの世界から救済されることを願うものでした。先の父宛ての手紙の中には、「念仏者には仏様といふ味方が影の如くに添ひてこれを御護り下さる」とも記されています。

ひたすら仏の絶対他力を信じつつ現実の苦界を生きる――真宗門徒としての宗教的世界観を固めた賢治は、さらに父から肯定的な自己卑下の精神性をも受け継いでいきます。父の政次郎は、自己の罪業を徹底的に凝視し、悪人正機的な救済を信じた真宗の篤信徒でした。政次郎が、交友のあった暁烏敏に宛てて送った書簡集が、今日公開されています（栗原敦編注「金沢大学暁烏文庫蔵　暁烏敏宛　宮沢政次郎書簡集」）。それを見ると、政次郎は自分のことを「妄念ノ結晶ナル罪悪ノ凡夫」「愚病執着ノ悪凡夫」「仕様のない憍慢《きょうまん》な手の付けられぬ泥凡夫」等々と表現し、自己卑下を繰り返しています。ところが政次郎は、この罪悪深い自己を変えようとはしませんでした。むしろ「悪性其まま不相応の御恩の中に無事日暮致し居ります」と述べるなど、自己肯定的な自己卑下に徹していた。

こうした父の肯定的自己卑下の意識が賢治にも継承されたことは、賢治の初期の作品や書簡を読めばよくわかります。大正七（一九一八）年、二二才の賢治は「復活の前」という作品の中で「私は馬鹿《ばか》です、だからいつでも自分のしてゐるのが一番正しく真実だと思ってゐます」と述べています。またその頃、彼が友人に宛てた書簡の中では「『私は馬鹿で弱くてさっぱり何もとり所がなく呆れはてた者であります。』と云ふ事をあなたにはっきりと申し上げて置きます」と記しています。

しかしその半面、賢治には父の考えに激しく反発するところもありました。絶対他力信に生きる政次郎は、現実の不正や悪に対して、ただ諦観するような態度をとりました。彼は古着と質の商売を営んでいましたが、社会的不平等の問題などにかんしては「所詮人間ノ足場ニ立チテ貧富の不平均ヲ救済セン等ハ架空ノ論ニ過ギ不中存候」「畢竟仏ノ大慈悲ノ御心独リ此不平等ヲ救済シ得テ過不及皆其処ヲ得テ其現在ヲ楽シム境ニ至ル次第ニ奉存候」（前掲「宮沢政次郎書簡集」）といった考えを持っていました。

賢治の父の考え方は、社会正義などの主張を「自力」と嫌って排斥した暁烏の「精神主義」から影響を受けていたのでしょう。したがって政次郎は、自分が質商を営み、弱者を搾取して富裕な生活を送っているにもかかわらず、それを宗教的に反省し、自力的に改善しようとはしませんでした。政次郎にあっては、肯定的自己卑下が現実悪の放任につながったと言えます。

賢治は、このことに対して、とくに中学卒業の頃から激しく反発し、父の家業をひどく嫌いました。青年期特有の純粋さや潔癖さ、あるいは一三才からの寄宿舎生活で実家とは別の精神的環境に身を置いたせいもあったのでしょう。賢治には父にない現世の救済を願う意識がありました。それゆえ彼は、父から受け継いだ肯定的自己卑下の精神性を自己犠牲的な救済者信仰に結びつけようとしました。先に紹介した、大正元年の父宛ての手紙の中に「念仏も唱へ居り候。仏の御前には命をも落すべき準備充分に候」との賢治の覚悟が記されています。そこには、自己犠牲の倫理意識を見てとることができます。

賢治は、家庭の信仰を通じて真宗的な精神性を形成したのですが、それは賢治独特の自己犠牲的な救済者信仰であり、現世救済への志向と自己犠牲の倫理意識をともなっていたわけです。

2　島地大等編『漢和対照　妙法蓮華経』との出会い

さて大正三（一九一四）年、一八才になった賢治は、島地大等編の『漢和対照　妙法蓮華経』に出会います。島地大等は盛岡市にある浄土真宗・願教寺の住職であり、盛岡中学時代の賢治は願教寺でよく大等の法話を聞いたと言われています。そして中学を卒業した年の秋に、大等の『漢和対照　妙法蓮華経』を手にするのですが、賢治はこれに衝撃的な感動を覚えたとされています。弟の清六氏は、賢治が『法華経』の如来寿量品を初めて読んだ時にその感動をノートに「太陽昇る」と記した、と述べています。

では、なぜ賢治はこれほど『法華経』に感動したのでしょうか。諸説あると思いますが、賢治が寿量品の内容に人生の光明を見出したとすれば、恐らく浄土教と違って現世における救済を説く点に感銘したのではないか、と私は推察します。鳩摩羅什が漢訳した『妙法蓮華経』の寿量品には「われは常にこの娑婆世界にありて、法を説きて教化し」とあります。寿量品の釈尊は、今世で初めて正覚を得た仏ではなく、五百塵点劫という永遠に等しい昔からこの娑婆世界の衆生を教化し救ってきた、永遠の仏にして救済者なのです。よって私たちが生きる娑婆世界は、じつは永遠の仏が在ます楽土、浄土であるとされます。「わがこの土は安穏にして　天・人、常に充満せり」「わが浄土は毀《やぶ》れざる」などと、寿量品の釈尊は説いています。

賢治は以前から真宗的な救済者信仰を持っていましたが、この世で苦しむ人々の救済を放棄するかのごとき父の態度には強く反発し、しかも自己犠牲の倫理意識を芽生えさせていました。そのような賢治にとって、現実世界が仏の浄土であると示し、人々にその真実を教えようとする寿量品の釈尊は、まさしく彼が探し求めていた現世の救済者であり、そこに彼自身の自己犠牲願望を満たす倫理的な世界を見出したのでしょう。

けれども他面、大等編の『法華経』との出会いは、賢治の倫理意識を後退させるような思想契機をも含んでいました。それは、この『法華経』に大等による教義解説が付されていたことです。島地大等は、近代の仏教界において、いわゆる天台本覚思想を最初に宣揚した思想家の一人として知られています。日本天台の本覚思想とは、一口に言えば、生滅変化する現実世界をそのまま本来的な悟りの世界と見なす思想のことを言います。この本覚思想に基づき、大等は『法華経』の仏教哲学的な意義を解説しています。それが、賢治の読んだ『漢和対照　妙法蓮華経』の中にある「法華大意」と題する箇所です。

「法華大意」の中の「色心実相」という項に注目してみましょう。大等はここで、仏教の最高理想が『法華経』の方便品に説かれる「諸法実相」の一句に尽きると述べています。専門的な説明になりますが、天台教学では、あらゆる差別的な現象（諸法）が三諦円融《さんたいえんゆう》のあり方を示している（実相）、という意味に「諸法実相」を解釈します。つまり、すべての現象がそのまま即空・即仮・即中の三諦円融として真実在である、と見る立場です。大等は、近代の仏教哲学者がよく用いた「現象即実在」という概念規定によって、この「諸法実相」を解説しようとしています。大等によると、「現象が実在と相即する」という意味は「当体相即」ということで、次のように説明されます。

現象の差別を泯《みん》することなく、直に是実在の平等なるが故に差別の現象に実在の平等あり、平等の実在に現象の差別ありと顕すを特色とす。

大等の現象即実在論は、絶対一元論の宗教的世界観と言ってよいでしょう。賢治は『漢和対照　妙法蓮華経』を熟読する中で、大等による天台本覚思想的な「法華大意」の解説からも多大な影響を受けたと見られます。少なくとも、彼が大等の現象即実在論に強く惹きつけられたことは疑えないでしょう。当時の賢治が友人に宛てた手紙には、「万事は十界百界の依て起る根源妙法蓮華経に御任せ下され度候」「あなたなんて全体始めから無いものですけれども又あるのでせう　退学になったり今この手紙を見たりして居ます。これは只妙法蓮華経です」「妙法蓮華経ハ私共本当ノ名前デスカラ」などと記されています。この頃の賢治は、一切の現象をそのまま実在＝妙法蓮華経と見る絶対一元の世界観に傾倒し、それはとりも直さず島地大等の現象即実在論の丸呑みだったわけです。

また大等は「法華大意」の中で、現象即実在の「実在」にかかわる重要教義として「三諦円融」と「一念三千」を挙げ、それぞれ解説しています。このうち「一念三千」についての大等の解説が、やはり当時の賢治に大きな影響を与えたように思えます。「一念三千」は天台教学の用語であり、大等の「法華大意」の中では「一念三千とは一念中に三千の法界を具し、三千の森羅は此一念中に内存すと云ふの意に外ならず」と説明されています。すなわち、自己の刹那の意識（一念）に宇宙の森羅万象（三千）を包摂すると説く教えが一念三千なのですが、大等は「現実の宇宙、人生を収めて尽く之を個我の内在に帰」すという見方を強調しています。この一念三千の見方が直接、賢治の思想世界に浸透していったことは、当時の賢治書簡の中に「戦争とか病気とか学校も家も山も雪もみな均しき一心の現象に御座候」「静に自らの心をみつめませう。この中には下阿鼻より下《ママ》有頂に至る一切の現象を含み現在の世界とても又之に外ありません」といった表現が散見されることから確認できます。

かくして島地大等の現象即実在論は、賢治の中に根づいていた、現世を穢土《えど》とみて厭離《おんり》する真宗的な精神性を一時的に転換させました。しかしここには、真宗的な現実厭離とは別の意味で、無視できない問題点がありました。と言うのは、天台本覚思想の絶対一元論を無条件に現実世界に適用した場合、「悪そのまま善、煩悩そのまま菩提」といった退落に陥ってしまうからです。大等の影響を受けた頃の賢治には、この本覚思想的退落の傾向が顕著に見てとれます。

戦争に行きて人を殺すと云ふ事も殺す者も殺さるる者も皆等しく法性《ほっしょう》に御座候。

退学も戦死もなんだ　みんな自分の中の現象ではないか。

食を求めて差し出す乞食の手も実に不可思議の妙用であります。

いずれも、当時の賢治書簡に記されているものです。独りよがりな現実の直接肯定は、まさしく本覚思想的退落の典型という他ないでしょう。現象即実在の世界観は、一部の聖者たちがそれを悟るだけなら、真に世の救いとなりません。多くの民衆が現象即実在の真実に生き、互いに生かしあい尊重しあうようになってこそ、現実に社会は浄化され、楽土となるのです。だから『法華経』は、教えの普及と利他の実践を説いてやみません。現象即実在の世界に一人で閉じこもることは、社会悪の放置につながるとさえ言えます。

右の賢治書簡に示された、無条件の現実肯定——じつはこれは、賢治の父が傾倒した清沢満之流の精神主義と同じような考え方になっている、とも指摘できます。清沢は、如来へ一心に帰命するという境地から、一切の現実にとらわれないという意味で「貧乏になったからと云うて困りもしない」「銃を肩にして戦争に出かけるもよい」(『清沢満之全集』第六巻、岩波書店)などと語り、現実をありのままに肯定しようとしました。賢治の本覚思想への傾倒は、それ以前の彼が父を通じて反発していた精神主義的な現実諦念と、皮肉にも同じ穴の狢《むじな》にすぎなかったのです。

とはいえ、他方で賢治の思想中には、彼の真宗的精神性の特徴である現世救済への志向がありました。それが、本覚思想的な無条件の現実肯定という落とし穴から、彼を救い出したように思われます。この頃の賢治にとって絶対者と言えば「妙法蓮華経」でしたが、その妙法は「法」であると同時に、現世の救済者でもありました。「妙法蓮華経に御任せ下され度《たく》候」「南無妙法蓮華経と一度叫ぶときには世界と我と共に不可思議の光に包まれる」といった賢治書簡の記述には、妙法を現世の救済者として人格化する節が見られます。『法華経』

では、久遠実成の超越的な救済者・釈尊が示されます。ですが、「妙法蓮華経」が娑婆世界の救済者のごとく説かれることはありません。日蓮仏教にはその要素もありますが、先の書簡は賢治が日蓮に傾倒する以前のものです。したがって当時の賢治に見られる現世の救済者としての妙法観は、恐らく賢治自身の真宗的精神性がそうさせたのだろうと思います。

結局、『法華経』と出会ってからの賢治の宗教的世界観においては、本覚思想的な絶対一元の現実肯定と、彼独特の真宗的精神性としての現世救済への志向とが、混在するようになったと言えるでしょう。

3 『法華経』の経文からの直接的感化――共生の倫理観の確立

しかしながら、ここで忘れてはならないのは、賢治が島地大等の法華経解釈に全面的に依存したわけではない、ということです。先ほど、賢治は寿量品を読んで一大光明を得たと言いましたが、賢治自身が直に『法華経』の経文に触れ、感化された面も少なからずあります。その最たるものは、彼が『法華経』の経文を通じて共生の倫理的立場を深く自覚したことでしょう。

『法華経』を倫理的観点から読んでみると、この経典が〝一切衆生とともに〟という大乗的な成仏観を強く打ち出していることに気づかされます。「一切衆生を化して　皆、仏道に入らしめたり」（方便品）とか「何を以ってか衆生をして　無上道に入り速《すみやか》に仏身を成就することを得せしめん」（如来寿量品）とか、大乗経典の『法華経』は、すべての衆生を皆成仏せしめることを重要な主題としています。賢治も『法華経』の大乗的精神に強く感化され、そこから万物が幸福を享受する理想世界を思い描いたようです。

大正七（一九一八）年の賢治書簡の数々を見ると、『法華経』の経文が度々抜書されています。その中に、「願わくはこの功徳をもって普《あまね》く一切に及ぼし　われ等と衆生と　皆、共に仏道を成ぜん」という化城喩品の文があります。賢治はこの文を敷衍して、「ねがはくはこの功徳をあまねく一切に及ぼして十界百界もろともに仝《おな》じく仏道成就せん。一人成仏すれば三千大千世界山川草木虫魚禽獣みなともに成仏だ」と述べています。ここで賢治は、『法華経』の経文を引きながら、自己と宇宙の一切万物とが「もろともに」「みなともに」成仏することを願っています。「皆、共に」の精神に溢れた『法華経』の経文に触れた賢治が、共生的幸福の倫理を自覚するようになる様子がうかがえるところだと思います。

この頃の賢治書簡には「皆人の又自分の幸福となる様」「我等と衆生との幸福となる如く吾をも進ませ給へ」などという記述も見られます。賢治は「皆共成仏道」の経文を、万物共生を目指す倫理に読み替えて受容したと言ってもよいでしょう。

ところで、賢治が『法華経』の大乗的成仏観から共生の倫理観を引き出していった背景として、次の二点が指摘できると思います。一つは賢治自身の共感的性格です。賢治は生来、他者の苦しみに対する鋭い感受性を有していました。弟の清六氏によると、賢治は「自分のことよりもまず先に人のことを心配するという性質を生れるときから持っていた」（前掲書『兄のトランク』）と言います。青年になってからも、実家の店に質入れに来る弱者を見ては「かわいそうだ」と言ってオイオイ泣いた、という逸話が残されています。

『法華経』の法師功徳品に「地獄の衆《もろもろ》の苦痛　種種の楚毒《いたみくるしみ》の声　餓鬼《がき》の飢え渇《かわき》に逼《せま》られて飲食を求索《もとむ》る声　諸の阿修羅等の大海の辺《ほとり》に居住《すまい》して　自ら共に言語する時　大音声を出すをも　かくの如き説法者は　此間《ここ》に安住して　遥かにこの衆《もろもろ》の声を聞き」云々とあります。この経典を説く人は、心身が浄らかになるので、宇宙のあらゆる処で様々な境遇の人々が発する苦しみの声を聞きとることができると言うのです。法華経的な人格は、どこかで誰かが苦しみに喘いでいる、その悲痛な声を決して聞き洩らしません。この点、賢治の共感的性格が『法華経』と結びあったのも当然のような気がします。

また、もう一つの背景としては、賢治が仏教に説かれる輪廻転生観を真剣に信じていたという点が挙げられるでしょう。大正七（一九一八）年に友人に送った手紙の中で、賢治は自分が肉食を止めたことを伝えた後、「食はれるさかな」の心境を推察しながら「私は前にさかなだったことがあって食はれたにちがひありません」と述べています。賢治の共感の対象は人間以外の生物にまで及び、その生物への共感は輪廻転生の信仰によって強められていました。真宗の聖典である『歎異抄』に「一切の有情はみなもて世々生々の父母兄弟なり」とあります。これは輪廻転生観によって一切の生あるものを自己の父母兄弟と見る思想なのですが、少年時代に「歎異抄の第一頁を以て小生の全信仰と致し候」と言い切ったほどの賢治ですから、恐らくこの『歎異抄』の一節も心に刻み込んでいたことでしょう。その根拠として『日蓮仏教の社会思想的展開』の中ではいくつか挙げたのですが、ここでは割愛させていただきます。

ともかく、賢治は、生来の共感的性格や輪廻転生の信仰にも導かれながら『法華経』の経文に直に触れ、それに強く感化され、次第に共生の倫理観を確立していったものと考えられます。

4　共生倫理観と真宗的精神性の結合

したがって、先に述べたところの現実の絶対肯定という本覚思想的退落に、賢治が陥ることは、結果的にはありませんでした。賢治は共生の倫理観を確固たるものとし、次に国柱会の日蓮主義に傾倒していきます。日蓮主義を賢治がどう受容したかについては、後で詳しく述べます。ここでは、日蓮主義者となった賢治が精力的に書き上げた多くの童話のいくつかをとり上げ、そこに見られる仏教的な共生倫理の特質を明らかにしたいと思います。

日蓮主義者としての賢治は、「法華文学」を目指して創作活動にとり組んだと言われます。たしかに、賢治の文学には法華経思想の影響が多々見られます。しかし仏教的共生倫理という観点から彼の童話を再検討すると、賢治は『法華経』から得た共生の倫理観を、自分自身の真宗的精神性である自己犠牲的な救済者信仰と結合させて文学的に表現したように思えるのです。

たとえば、「銀河鉄道の夜」の主人公ジョバンニは「ほんたうにみんなの幸のためならば僕のからだなんか百ぺん灼《や》いてもかまはない」と口にします。そしてそれに同意した友人のカムパネルラは、友人を助けるために自らの命を犠牲にすることになります。また「グスコーブドリの伝記」では、主人公のブドリがひでりや寒冷による飢饉を防ごうと努力し、農民に献身するうちに、ついには自分の命と引き換えに気候を温暖化するための爆発作業を敢行します。いずれの童話でも、現世を共生的幸福の世界にするために、自己の生命を犠牲にすることが賛美されていると言えましょう。自己犠牲の共生倫理は、賢治童話の一つの基調となっています。

ここで言う自己犠牲は、すでに見たように賢治独特の真宗的精神性の現れに他なりません。自己犠牲の実践は『法華経』や日蓮の文書にも説かれています。たとえば、『法華経』の提婆達多品には「三千大千世界を観るに、乃至、芥子の如き許《ばか》りも、これ菩薩の、身命《しんみょう》を捨てし処に非ざること有ることなし」という釈尊過去世の捨身行が示されています。賢治は、この文の趣意を、感動を込めて手紙に書き綴っています。けれども賢治童話に見られる自己犠牲は、『法華経』や日蓮遺文から出てきたようには思えません。

なぜならば、賢治が描く自己犠牲には、自己の存在の罪悪性への深刻な嫌悪が見られるからです。「よだかの星」の「よだか」は「ああ、かぶとむしや、たくさんの羽虫が、毎晩僕に殺される。そしてそのただ一つの僕がこんどは鷹に殺される」と弱肉強食の現実を悲嘆し、「僕はもう虫をたべないで餓えて死なう。いやその前にもう鷹が僕を殺すだらう。いや、その前に、僕は遠くの遠くの空の向ふに行ってしまはう」と思い立ち、自己抹殺を決行します。また「銀河鉄道の夜」の中に現れる「蝎《さそり》」も、自己の生存のために多くの生命を殺戮したことに思いをめぐらせ、自分の身体を「まことのみんなの幸」のために捧げたいと切に願います。

このように賢治童話では、殺生をともなう自己の生存が許しがたい罪悪である、との認識から、自己抹殺としての自己犠牲が正当化されています。日蓮の仏教でも、たとえ生存のためとはいえ、殺生を犯すことは罪にあたります。だがそれとともに、殺生罪を消すために自己を抹殺する必要はない、いかなる罪悪であろうと『法華経』の真理の力によって消すことができる、とも説きます。次の日蓮遺文（『光日房御書』）には、この考え方がよく表れています。

夫れ、針は水にしずむ。雨は空にとどまらず。蟻子《あり》を殺せる者は地獄に入り、死にかばね（屍）を切れる者は悪道をまぬかれず。何かに況や、人身をうけたる者をころせる人をや。但し大石も海にうかぶ、船の力なり。大火もきゆる事、水の用にあらずや。小罪なれども、懺悔せざれば悪道をまぬがれず。大逆なれども、懺悔すれば罪きへぬ。

意味を説明しましょう。アリの子を殺すような些細な殺生でも、罪は罪である。軽い針が水に沈むように、また雨の一滴が空にとどまれないように、小さな殺生でも必ず地獄へ堕ちる。人間を殺す者に至っては言うまでもない。ただし、大石を海に浮かべる船の力のように、あるいは大火を消す水の働きのように、懺悔すれば、いかなる重罪も消え去るのである――。日蓮はこう述べ、誠実な信仰によって殺生の罪が消えることを力説するのです。

『法華経』の結経とされる『観普賢菩薩行法経』に「我が心は自《おのずか》ら空なれば、罪・福も主無し」「若し懺悔《さんげ》せんと欲せば　端坐して実相を思え　衆罪は霜露《そうろ》の如く　慧日は能《よ》く消除す」等とあります。現象世界の真実は生じも滅しもしない「空」であり、自分自身の心も「空」であるから、罪も福もじつは受ける主体がない。この「実相」を本当に知れば、太陽の光によって霜や露が消えるように、われわれの罪も消滅する。そう見るわけです。日蓮は、『法華経』の真理が無限の自由であり力であることを強く確信していました。ゆえに「妙の一字の智火以て此《かく》の如し。諸罪消ゆるのみならず、衆罪かへりて功徳となる」（『千日尼御前御返事』）と説くなど、妙法の光の下で現世の生活を安心して楽しむべきことを信徒たちに教えたのです。

いったい『法華経』のどこに、賢治が言うような、自己の生存の罪、存在することへの嫌悪が示されているでしょうか。『法華経』を読むと、反対に、生きることの素晴らしさが謳われています。如来寿量品に「衆生の遊楽する所」とあるごとく、一切の生あるものは楽しむために生まれてきた、とするのが『法華経』の考え方です。日蓮の『立正安国論』も「三界は皆仏国なり」「十方は悉《ことごと》く宝土なり」としている。日蓮は、悲惨と苦しみに満ちた現実の世界を忌み嫌うのでなく、それを美しい仏の楽土に変えようとしました。『法華経』は万人に生を謳歌させようとする経典です。ところが、この生の謳歌が、本質的に言って賢治作品からは感じとれないのです。

自己の生存をどこまでも嫌い、自虐的なまでの禁欲独身の生活を貫いた賢治の場合は、むしろ真宗的な自己罪悪視から自己犠牲を願ったことが明らかでしょう。さらに言えば、賢治童話に見られる自己犠牲が背後に救済者信仰を忍ばせている、という点も看過できません。「よだかの星」では、「よだか」が「お日さん、お日さん。どうぞ私をあなたの所へ連れていつて下さい。灼《や》けて死んでもかまひません」と懇願する場面が出てきます。ここにある他力主義的な救済願望は、まさに賢治の真宗的精神性が顕在化したものと思わざるをえません。結論的に言って、賢治は『法華経』から得た共生の倫理観を、自らの真宗的精神性としての自己犠牲的な救済者信仰と結びつけながら、童話の中に描き出していったと考えられるのです。

5　日蓮主義の共生主義的解釈

では、田中智学の日蓮主義を賢治はいかに受け止めたのでしょうか。ご承知のとおり、熱心な国柱会の信者となった賢治は、父や友人たちを次々に折伏《しゃくぶく》し、家出して東京の国柱会本部に通いつめるほどになります。その後、次第に国柱会の活動からは離れていったようなのですが、それでも晩年に至るまで、同会の曼荼羅本尊に熱心に読経唱題していたことが確認されています。

田中智学は近代の日蓮主義運動の創始者で、近代天皇制を日蓮仏教によって意味づけ、日本国体の仏教的意義を国民に啓蒙しようとした人物です。そのため智学の日蓮主義には政治イデオロギー色が強く、日本による世界統一を唱えたことなどから、一種の超国家主義＝ウルトラ・ナショナリズムと見なされています。しかし賢治は、国柱会の活動に傾倒した時期でさえ、まったく超国家主義的な言説を残していません。彼はすでに確たる共生の倫理観を持っており、かえって智学の国体論的日蓮主義を共生主義的に換骨奪胎して摂取したと言ってもよいでしょう。

「農民芸術概論綱要」（以下「綱要」と略記）という賢治の作品があります。ここでは「正しく強く生きるとは銀河系を自らの中に意識してこれに応じて行くことである」「……われらに要るものは銀河を包む透明な意志　巨きな力と熱である……」と説かれ、われわれの自己が「銀河を包む透明な意志」になるべきだと主張されています。すなわち「自我の意識は個人から集団社会宇宙と次第に進化する」ともあるように、宇宙的な自己の意識が唱えられています。そして「綱要」の有名なテーゼ、「世界がぜんたい幸福にならないうちは個人の幸福はあり得ない」からもわかるとおり、宇宙的自己意識に立った賢治は、いわば自己即宇宙の共生倫理を唱えるに至っているのです。

ここで想起されるのは、かつて賢治に影響を与えた島地大等の本覚思想です。大等の影響により、一時期の賢治は宇宙の森羅万象を自己の心に含有する一念三千の境地に心酔しました。けれども、そのスタティックな現実の絶対肯定観は賢治の倫理的志向と相容れず、結果的に大等の一念三千論は賢治の意識の後景へと退いていきます。これに対し、智学の一念三千論は強烈な倫理性を有していました。智学は『日蓮聖人乃教義』の中で「一切衆生と共に本に帰るにあらざれば、自己の成仏も畢竟《ひっきょう》は決定《けつじょう》しないのである」と述べ、自己が一切衆生とともに成仏しなければ真の成仏ではないと主張しています。いわゆる大乗の無住処涅槃の思想ですが、賢治はこの『日蓮聖人乃教義』を愛読していたと言われます。「綱要」の中の「世界がぜんたい幸福にならないうちは個人の幸福はあり得ない」という言葉は、智学の『日蓮聖人乃教義』に述べられた大乗的成仏論を、賢治が共生的幸福論として倫理的に主題化したものと考えられるでしょう。

ただ、その一方で、賢治は智学の一念三千論にみられるナショナリスティックな要素を受容していません。智学は『日蓮聖人乃教義』の中で、自己の宗教的立場を「国家が即自己そのものとする所の教旨」であると力説しています。そのように自己と国家との一体化を強調する傾向性は、賢治には見られません。智学が一念三千論に基づき自己即国家の宗教的自覚を強調したのに対し、賢治はそれを自己即宇宙の共生主義として受容しているのです。

まづもろともにかがやく宇宙の微塵となりて無方の空にちらばらう　しかもわれらは各々感じ　各別各異に生きている。

この「綱要」の一節は、自己即宇宙の共生主義をうまく表現した賢治の言葉であろう、と私は思います。

また智学の折伏主義に対しても、賢治ならではの受容の仕方が見られます。賢治は、基本的には智学と同じく法華経至上主義者であり、諸宗教の多元主義的共存を目指したとは言えません。ただし、童話「銀河鉄道の夜」の第三次稿を読むと、賢治が異なる信仰を持つ者同士の対立を深く悲しみ、そうした対立を解消できる方法を真剣に思索した形跡がうかがえます。詳しくは述べませんが、この草稿段階では「お互ほかの神さまを信ずる人たちのしたことでも涙がこぼれるだらう」「実験の方法さへきまればもう信仰も化学と同じやうになる」などと、「大人」が「ジョバンニ」に教え諭す場面が出てきます。賢治の問題意識は、信仰の核心として本来不可欠な宗教的排他性が他への強制や偏狭な自己確信に陥るのを防ぐにはどうすればよいのか、という点にあったと思われます。

今日の宗教多元主義をめぐる議論では、排他主義・包活主義・多元主義の三類型が、好んで用いられます。この類型論に即して言えば、賢治の他宗教理解からは、排他主義と多元主義の両面を感じとることができましょう。もっとも『法華経』の真理は、あらゆる区別をとり払った世界に現れるので、こうした類型論にはなじみません。妙法は「それだ」と区別できないのです。が、単なる無区別でもありません。単なる無区別は区別と〈区別〉されており、いまだ区別の世界にとどまっている。そうではなく、あらゆる区別を自由に用いる主体的なあり方に『法華経』の立ち位置があるのです。

その意味で、『法華経』は排他主義的でも、包括主義的でも、多元主義的でもありえます。排他主義だとか、包括主義だとか、多元主義だとか、何か一つに決めつけるべきではありません。『法華経』の主義は臨機応変の対応です。『法華経』の中で、安楽行品は包括主義的な「摂受《しょうじゅ》」の修行法を説き、常不軽菩薩品は非妥協的な「折伏」の姿を描いています。また陀羅尼品に「若しわが呪に順《したが》わずして、説法者を悩乱せば　頭《こうべ》は破《われ》て七分と作《な》ること　阿梨樹《ありじゅ》の枝の如くならん」とあるのは、いかにも排他主義的でしょう。さらに授記品では「魔及び魔の民ありといえど雖も、皆、仏法を守らん」と説かれ、悪魔が悪魔のまま認容されている。これなど、多元主義的な色合いが濃いものです。

このように、『法華経』は主義信条において自在と言えます。立場を軽視するのでなく、むしろ様々な立場の真価を発揮せしめんとするのです。その上で、すべての現象がそのまま唯一の真理である、という「諸法実相」の基本線を、あえて立場化するならば、思想核を持った多元主義とでも呼ぶしかないでしょう。私自身は、これを「一即多元主義」と称しています。一種の包括主義ではないか、と見る向きもありますが、包括主義は包括するものとされるものとの区別が中心にあるので、真理を他から区別しつつも「即」の自在性を中心に置く『法華経』の世界観をとらえるにはどうかと思います。

また「諸法実相」を掲げる以上、『法華経』は他宗教も本来的には唯一の真理であると見なすはずでしょう。そうなると、他宗教に対して一定の価値を認めるにとどまる包括主義とは、やはり違う気がします。「若し俗間《ぞっけん》の経書、治世の語言、資生の業等を説かば、皆正法に順《したが》わん」と「法師功徳品」にあるように、一般の思想等によっても正しい仏法は示せる、と考えるのが『法華経』です。『法華経』の正法は、唯一の真理にして、なおかつ様々な宗教や思想等の本来性でもあるのです。一即多元主義は、そのような観点からも説明できるでしょう。いずれにしても、この問題は結論を急がず、じっくりと議論を深めて穏当な見解を導き出すべきではないかと考えます。

先の賢治の他宗教理解については、もし彼が排他性と多元性とを架橋しようとしていたのなら、法華経的な態度に通ずると言えます。確実なのは、賢治が国柱会流の折伏主義の排他性を除き去ろうと努力していたことです。賢治にあっては、色々な面で智学の日蓮主義が共生主義的に解釈されたわけです。

6 「雨ニモマケズ」――『法華経』・真宗思想・日蓮主義・本覚思想の思想的複合

最後に、晩年の賢治における思想的変化の問題に触れておきたいと思います。大正の末頃、賢治は農村青年を指導する目的で「羅須地人協会」を設立し、精力的な活動を展開しました。ところが自己犠牲的な献身のはてに身体をこわし、ついには実家で病床に伏してしまいます。その後一時的に快復し、砕石工場の技師として社会復帰を果たしますが、再び発病し、実家で療養中の昭和八（一九三三）年、三七才で世を去りました。

この晩年の闘病期に、著名な「雨ニモマケズ」がメモ帳に記され、他力主義や肯定的な自己卑下の態度が目立ってきます。これらは、賢治が父から受け継いだ真宗的精神性と言えます。農村運動に挫折し、死の影を意識し始めた賢治は、それまでの自力主義的に傾いた態度を「慢」として反省し、絶対他力的救済を強く望んだために、父譲りの他力主義的な肯定的自己卑下の思想性が際立つようになったのでしょう。

とは言うものの、賢治は最後まで法華経信仰を捨てていません。また、死を迎える数日前まで重病の身をおして農民の肥料相談に応じるなど、自力主義的な自己犠牲の実践も依然として続けていました。そう考えると、晩年の賢治の言動中に目立ってくる他力救済への志向は、以前の彼が訴えていた自己犠牲や自己即宇宙の思想とも重なりあい、結果として彼の仏教的共生倫理を多様化させているように思われます。

このことを、「雨ニモマケズ」の内容を通じて検証してみましょう。「雨ニモマケズ」の結びの部分は、次のようなものです。

ヒドリノトキハ　ナミダヲナガシ　サムサノナツハ　オロオロアルキ　ミンナニ　デクノボートヨバレ　ホメラレモセズ　クニモサレズ　サウイフ　モノニ　ワタシハ　ナリタイ。

賢治は、ひでり（ヒドリ）や冷夏に涙して狼狽する「デクノボー」になりたいと願いつつ、この詩を結んでいます。そこからは、晩年の賢治が肯定的自己卑下の人を密かに理想としていたことがうかがい知れます。

また「北ニケンクワヤソシヨウガアレバ　ツマラナイカラヤメロトイヒ」というくだりは、清沢や暁烏の精神主義に似た思想性を感じさせます。清沢は「宗教的信念の必須条件」と題する講話の中で、こう言います。

妻を持ってもよい、持たぬでもよい、肴を食うてもよい、食わないでもよい、財産を有するもよい、有しないでもよい、家に居るもよい、山林に行くもよい、これはどっちでもよい。ただ宗教的信念に入ろうとする人は、此等の事々物々に心が引かされ、心を擾乱するようなことなく、只一すぢに如来にたよるようにならねばなりませぬ。

（前掲書『清沢満之全集』第六巻）

ここでの清沢は、絶対他力の信に立った超倫理の態度を勧めています。「ケンカ」や「ソショウ」を「ツマラナイ」と制止する「デクノボー」の行動も、そうした思想性の表現として理解することが十分に可能でしょう。日蓮的な態度でないことだけは、たしかです。しかし他方で、この「雨ニモマケズ」には、日蓮的で法華経的な自己即宇宙の菩薩道も力強く描き出されています。風雨や悪天候に屈せず、名利を求める心もなく、ひたむきに弱者を励まし守ろうとする「デクノボー」の実践は、「農民芸術概論綱要」で示された自己即宇宙の共生倫理を彷彿《ほうふつ》させます。

また「欲ハナク」玄米菜食を励行し、自己の利益など一切勘定に入れない「デクノボー」の行動は、自己犠牲の実践そのものでしょう。そして「東」に病気の子供を看病し、「西」

に疲れた母の稲の束を背負い、「南」に死に瀕した人を「コハガラナクテモイイ」と慰める「デクノボー」は、苦の現実を肯定しながらも万人の幸福を乞い願っているように思えます。かくのごとく、「デクノボー」の実践は、『法華経』から導かれた万人共生の倫理観をベースとし、そこに賢治の真宗的精神性である自己犠牲的な救済者信仰や肯定的自己卑下の思想が濃厚に絡《から》まり、幼少期の彼が受けた精神主義の影響をもうかがわせ、さらには島地大等の本覚思想、田中智学の日蓮主義から賢治が学びとった自己即宇宙の共生倫理観も反映されたものでした。最晩年の賢治の思想世界では、『法華経』を中心に真宗思想・本覚思想・日蓮主義が一丸となり、彼独特の仏教的共生倫理を生み出したと言えるでしょう。

おわりに

賢治の仏教的共生倫理について、真宗思想・本覚思想・『法華経』・日蓮主義という四つの宗教思想の観点から再検討し、最後にそれらが思想的に複合する様相を確認しました。賢治文学の宗教性は、法華経的であるとか、真宗的であるとか、決して一面的に裁断できません。強いて言うなら、賢治の世界の中心には『法華経』があり、その根底では幼少期からの真宗的精神性が滔々と流れていた、ということでしょうか。

賢治のすべての言説を貫く宗教思想的な通奏低音は、法華経的な「仏になる」思想ではなく、むしろ真宗的な救済者への信仰でした。彼は、その真宗的な思想傾向のまま『法華経』に帰依し、「法華文学」の創作活動に励みました。ギリシャ神話の中に、セイレーンという海の怪物が登場します。これは、上半身が人間の女性で、下半身が鳥や魚の姿をしているとされます。賢治の宗教意識は、このセイレーンのように、上下に分裂しながらも一つのまとまりを保っていました。そして、かくも奇怪な信仰の分裂と共存が、結果的には彼の文学に形容しがたい哀感と彩りを与えたように思われるのです。

第三章　日蓮と『法華経』

東洋哲学研究所の一員として、スペインでも長い伝統を誇るレリダ大学を訪問し、話をする機会に恵まれました。ただ今、当研究所の川田所長から、仏教の基本思想にかんする説明がありました。私の方は各論的な意味から、東アジアの著名な仏教者たちの中で、現代社会に様々な影響を及ぼしている日蓮の仏教をとり上げたいと思います。今回は「日蓮と『法華経』」という観点から話を進めることにします。

1　庶民の仏教者

日蓮は、一二二二年、日本の片田舎の漁村に生まれました。このレリダ大学は起源が約七百年前までさかのぼるそうですが、それよりも八十年ぐらい前のことです。日蓮の父は漁業関係者だったと言われます。仏教の創始者である釈尊は、一国の王子として生まれました。大乗仏教の哲学を確立した龍樹は古代インドの上流階級であるバラモンの家に生まれ、『法華経』の中心思想を解明した中国隋代の天台智顗《ちぎ》も名門貴族の出身です。かたや日蓮は、地方の漁民の出にすぎませんでした。

しかし彼は、そのことを堂々と語り、生涯、世俗的な権力を持つことを拒み、庶民の立場を貫きました。彼は、著名な仏教僧になった後でも「（日蓮は）遠い田舎の庶民の子供である（遠国の者、民が子にて候）」（『中興入道消息』）と述べています。

日蓮はなぜ、庶民の立場を標榜したのか。『法華経』に次のような一節があります。


若《も》し能《よ》く、妙法華経を受持する者あらば　当《まさ》に知るべし、仏の所使《つかい》として　諸の衆生を愍《あわれ》み念ずるものなり。諸有《もろもろ》の能く　妙法華経を受持する者は　清浄の土を捨てて　衆を愍むが故にここに生れたるなり。

（『妙法蓮華経』法師品）


『法華経』を説く人は仏の使であり、民衆を憐れむがゆえに仏の国土に誕生することを捨て、この娑婆世界に生まれると説かれています。「清浄の土を捨てて」とあるように、仏の使は民衆救済のために、あえて清浄無比な仏国土を捨てて生れてくる。とすれば、その人は、むしろ民衆の真っただ中に生まれるのが本筋だとも言えます。日蓮が、自らを庶民として位置づけた背景には、このような『法華経』の救済観念があったのかもしれません。

2　社会貢献のための出家

日蓮の修学時代の話に入ります。中世の日本において、仏教寺院は現在の大学にあたる存在といえ、およそ真理を探究する者は寺院の門を叩くことになっていました。当時の日本の寺院では、縁故のある人々の子弟に僧侶への門戸を開いていたようです。日蓮も一二歳の時、実家の近くにあった天台系の仏教寺院に入門し、一六歳で正式に出家得度して仏教の僧侶となりました。

日蓮の出家の動機は、一口に言えば、日本一の智慧者になって人々や社会のために貢献したいというものでした。当時の日本の名僧たちは、おおむね厭世的な動機で出家しています。親と早く死に別れたとか、戦争の悲惨さに打ちひしがれたとか、俗世の権力争いに疲れたとか、そういう理由で僧になる人が多かった。たとえば、浄土宗の法然は、九歳で夜討ちによって父を殺され、仏門に入っています。浄土真宗の親鸞は、四歳で父と別れ、八歳で母と死別、九歳の時に出家したと伝えられます。中国から曹洞禅を伝えた道元も、名門家の出身ながら幼くして父母を失い、一三歳で比叡山に登っています。彼らの仏教が、人間の醜さや社会的活動の空しさを強調するのは、ある意味で必然の成り行きだったでしょう。

ところが日蓮は、そうではなかった。家庭の不幸で出家した形跡は認められません。日蓮の場合、仏教を習い極めることで父母や師匠、そして同じ国家に住むすべての民衆から受けた有形無形の大恩に報いよう、との前向きな姿勢が出家の動機となっています。日蓮は、およそ華やかさとは無縁な辺境の地にいた代わりに、世を怨み、はかなむような悲痛事を体験することもなく、豊かな自然と素朴な人情の下で愛郷心、愛国心を育み、やがて仏門に入って知識の扉を開いたのでしょう。日蓮の出家は、いわゆる脱世間的な行動ではなく、宗教者として将来、自己をとりまく民衆や国家に貢献することを心に期すものだったのです。

3　仏道修行の民衆化

社会貢献を目指して出家した日蓮は、折しも飢饉《ききん》や災害が相次ぐ中で、いやまして社会に積極的にかかわる仏教を求めたと考えられます。すなわち、釈尊の教えである無常観を深めて永遠の生命観に迫るとともに、膨大な仏典の海に潜りながら、個人や社会の幸不幸を根源的な次元で支配している真理を確証しようとしたのです。

何時とは言えませんが、日蓮は『法華経』を最高の経典と定めました。『法華経』では「平等の仏性」と「永遠の仏」が示されます。すべての人々のうちに「平等の仏性」を見ることは、人間社会を根源的次元から調和させる道になるでしょう。また人間の模範たる釈尊が「永遠の仏」であるならば、われわれも永遠の生命に、そして永遠の希望に、生きることができるはずです。社会に貢献する仏教は、まさしく『法華経』の中に見出されるのです。智顗は、『法華経』の真理が鳩摩羅什訳の経題である「妙法蓮華経」の中に表現されているとし、次のように講述しています。

この妙法蓮華経は、久遠の昔に成仏した仏の所有している奥深い教えである。『法華経』の文には「是の妙法は説き示すことはできない」とか、「この世は変化することなく常住である」とか、「過去・現在・未来の如来によって獲得されている所の法である」という。

（『法華玄義』多田孝正訳、大蔵出版）

此の妙法蓮華経は本地甚深の奥蔵なり。文に云わく、「是の法示す可からず」「世間の相常住なり」「三世の如来の証得する所なり」と。

（原文書き下し）

妙法こそ、仏が永遠の昔に体得した不可思議な究極の真理である。しかもそれは、世間の無常の姿をそのまま永遠の世界と見るような悟りでもある。智顗は、そう示しています。天上の永遠と地上の変化とを何の作為もなく結ぶ、不思議としか言えない真理、一切の言葉と思考を超えた真理――それが妙法蓮華経の意義だとされたのです。

昔から「『法華経』は、ほめ言葉ばかりで中身がない」といった批判がありますが、表現できない真理をあえて表現するとなれば、ほめるという方法が一番でしょう。智顗は、やはり『法華玄義』の中で「妙法蓮華経に示される妙というものは、不可思議の法をほめたたえるものである（言う所の妙とは、不可思議の法を褒美するなり）」と述べています。どうにも表現できない『法華経』の真理の深みを、羅什は「妙」と訳して讃嘆した。その深意を、智顗が推し量ったわけです。

天台宗に身を置いて修行した日蓮は、当然ながら智顗の法華経哲学に接しました。そして、この果てしない妙法の真理が民衆に広く開放され、具体的に社会を変えるのはどうすればよいのかを真剣に考えたことでしょう。やがて日蓮は、万人が「南無妙法蓮華経」の題目を唱えるべきだと提唱するようになりました。

南無妙法蓮華経は、字義的には、妙法蓮華経への絶対の帰依（南無）を意味します。より立ち入って論ずるならば、日蓮が「南無妙法蓮華経と申すは一代の肝心たるのみならず、法華経の心なり、体なり、所詮なり」（『曾谷入道殿御返事』）等と述べるように、南無妙法蓮華経それ自体が仏教究極の真理でありかつまた『法華経』の生きた心、すなわち仏の慈悲と智慧の心でもあるとされています。

後年の日蓮が述べたところでは、『法華経』の真理は未来の人々のために釈尊から「地涌《じゆ》の菩薩」へと譲り渡され、この菩薩が現実に出現する時に真理それ自体が世に立てられると言います。地涌の菩薩については後述しますが、日蓮には恐らく早い時期から、自分が『法華経』で言えば地涌の菩薩にあたる、との宗教的直覚があったのではないでしょうか。それゆえ地涌の菩薩が釈尊から受けとったとされる真理の本体を、南無妙法蓮華経として示したのだろうと推察されます。

この点にかんしては、歴史学的な諸資料の分析に基づき、日蓮に最初から地涌の菩薩の自覚があったわけではなく、唱題行も当初は民間や天台宗の一部ですでに実践されていたものをとり入れたにすぎない、といった見方があります。けれども『法華経』を信奉した日蓮が、この経典に指示されていない南無妙法蓮華経の唱題行を、無批判に中心的実践と位置づけるでしょうか。むしろ、日蓮自身の宗教的直覚に基づく『法華経』解釈から南無妙法蓮華経を提唱したと見る方が、よほど自然だと思います。また、日蓮が途中で地涌の自覚に至ったと仮定する場合でも、一貫して南無妙法蓮華経を説いたことは動かせませんから、結果的には最初から地涌の菩薩が所持する南無妙法蓮華経を広めていたと言えます。日蓮晩年の作である『諫暁八幡抄』に、次の言葉があります。

今、日蓮は去る建長五（一二五三）年四月二八日から、今年の弘安三（一二八〇）年一二月にいたるまでの二八年間、ひたすら妙法蓮華経の七字五字を日本国の一切衆生の口に入れようと励むばかりであった。（現代語訳）

今日蓮は去ぬる建長五年癸丑四月二十八日より、今年弘安三年太歳庚辰十二月にいたるまで二十八年が間、又他事なし。只妙法蓮華経の七字五字を日本国の一切衆生の口に入れんとはげむ計りなり。（原文）

このように、日蓮自身が、生涯一貫して同じ意義の南無妙法蓮華経を説き広めたことを書き残しているのです。穿《うが》った見方をしないかぎり、日蓮には最初から地涌の菩薩が所持する『法華経』の真理それ自体を南無妙法蓮華経として顕示する意図があった、と考えておくべきでしょう。

ちなみに、帰依の信仰について言えば、『法華経』でも、仏や法、菩薩等に対する帰依が随所で説き勧められています。たとえば、方便品に「一たび南無仏と称えば、皆、已《すで》に仏道を成ぜり」とあります。他にも、如来神力品は十方諸仏の世界の衆生が娑婆世界に向かって

「南無釈迦牟尼仏、南無釈迦牟尼仏」と唱える姿を描写し、観世音菩薩普門品は「南無観世音菩薩」と唱える現世的な利益を説いている。『法華経』は元来、帰依の信仰を力説する経典です。

とはいえ、これは何も他力本願の救済を説くのではありません。『法華経』の教主・釈尊が念じているのは、あくまで人々に最高の悟りを得させることです。人々を真に自立させることです。如来寿量品に「何をもってか衆生をして　無上道に入り　速《すみやか》に仏身を成就することを得せしめん」とあるごとくです。人間は、仏菩薩の他力に依存して救われるのでなく、他力の助けを借りて自立すべきなのです。『法華経』が帰依の信仰を強く勧めるのは、その意味からです。

日蓮は、他力による自立を目指す修行として「南無妙法蓮華経」の唱題を創始したとも言えるでしょう。長時間の瞑想や読経となると、俗世を離れた出家僧にしか実践できませんが、南無妙法蓮華経と繰り返し唱えるだけなら、字の読めない人でも、病人でも、幼い子供にでもできます。日蓮の唱題思想は、出家者中心の仏道修行を広く民衆に開くことになりました。

唱題は、どんなに頭で考えてもわからない真理と一体化するための方法です。そこでは、唱題によって妙法の力を体で知っている文盲の農民の方が、八万四千と呼ばれる一切経を諳んずるような仏教界最高の知性よりも、はるかに究極の真理に近づくという逆転現象が起きます。

たしかに学者は、知識や理解力に秀でている。しかし人間の理解を超えた真理を血肉化する力、言い換えるならば、直観的に正しいと思ったものを信じ抜く力は、往々にして庶民の方が上です。日蓮が打ち立てた、唱題による真理体得の実践は、言葉の真の意味で民衆仏教の誕生を告げるものだったのです。

4　排他主義との戦い

『法華経』の真理を世に立て、民衆に仏への道を開こうとする日蓮――その彼が次に思ったのは、当時の日本の人々が知らず知らずのうちに『法華経』の真理に背反し、結果として社会的混乱や自然災害などの不幸な現象が起きているということでした。具体的に言えば、法然を祖とする念仏宗の流行が様々な災難に根源的な次元で関係しているとの認識です。

法然は極端な排他主義者であり、念仏以外のすべての仏教を「捨てよ」「閣《さしお》け」「抛《なげう》て」などと説き勧めました。法然の主著『選択本願念仏集』は、徹底した排他主義に彩られています。彼は真言宗、禅宗、天台法華宗、華厳宗、三論宗、法相宗、地論宗、摂論宗、倶舎宗、成実宗、律宗といった当時の仏教宗派をことごとく「聖道門《しょうどう》」と呼んで無用視し、自らの

「浄土門」のみが救いへの道であると訴えました。宗教的排他主義の表明です。

仏教者の理想は無執着の境地にあると言われます。本当の仏教者は、自分自身の学説にも執着しません。川を渡るために必要だった筏《いかだ》を、岸に達した後も担いで歩くのはおかしい。それと同じように、仏が説いた「法」も悟りの岸に到達した後には捨てていくべきである。釈尊は、こう語ったとされます。真の仏教者は「法」にすらこだわらない。天台教学でも、最高の真理である中道に執着するのは、まだ完全な教え（円教）ではないと考えられています。

それなのに法然は、自分が信ずる経典以外はすべて捨てよと言う。とくに『法華経』の真理は、後で述べるように現象世界の真実である〈自由自在〉です。これを排斥すれば、AがBを否定する、といった次元では終わりません。言うなれば、世界全体の土台を捨て去る意義に通じます。日蓮は、この究極の排他主義と戦いました。

日本の仏教界では、日蓮を攻撃的な排他主義者などと批判する声もあります。しかし真相は逆であり、日蓮は寛容の精神を掲げて排他主義者と戦ったのです。日蓮の実像は、戦う寛容主義者でした。一方で法然は、念仏以外の教えを「聖道」と見なしながら、それでも捨てよと言うのですから、こちらは真正の排他主義者だったと考えざるをえません。日蓮の時代の念仏宗は、表面上融和的になって権力の側に食い込んでいましたが、日蓮はその奥に潜む排他性の牙を白日の下にさらし、厳しく糾弾したのです。

5　仏教と社会変革

それでは、日蓮が法然の排他主義から断じて守ろうとした『法華経』の真理は、いったいどのような社会的意味を持つのでしょうか。日蓮は、この真理（正法）が人間、国家、自然、国土等々、万物の本来的価値を光り輝かせ、社会に崩れざる平和と繁栄をもたらすものだと主張しました。いわゆる「立正安国」の思想です。大乗仏教では仏国土を浄める菩薩の行が説かれますが、それを現実社会の変革に結びつけると「立正安国」の理念が浮かび上がってきます。

日蓮は、種々の災難によって民衆が地獄の苦しみに喘ぐ姿を見て、時の政都・鎌倉に上り、『立正安国論』を為政者に提出しました。その結論部分に、次のような一文が見られます。

あなたは早く信仰の小さな心を改めて、真実の大乗の教えである一善に帰依しなさい。そうすれば、迷いの衆生が住む、この三界もすべて仏の国である。仏国が衰えることなどあろうか。（現代語訳）

汝早く信仰の寸心を改て速《すみやか》に実乗の一善に帰せよ。然れば則ち三界は皆仏国也。仏国其れ衰んや。（原文書き下し）

日蓮は、時の為政者を念頭に置きながら〝仏教の正しい教えに帰依すれば、欲望と苦しみが渦巻くこの世の中も、すべてが仏の清浄な国になるのだ〟と断定しています。この立正安国の主張は、超越的な力による国家社会の救済を唱えているかに見え、また信仰を通じて人々を善の生き方に導くことによる道徳論的な社会変革を説くようにも思えます。しかし、そうした見方だけで立正安国の思想の核心をとらえたとは言いがたいでしょう。

日蓮の立正安国には、背景として社会変革にかんする仏教的な思考があると思われるからです。仏教に社会論などない、と言う人もいるでしょうが、理論体系はなくても、仏教思想から社会変革の根本的な考え方をとり出すことはできます。できるだけ、かみ砕いて説明しましょう。

『法華経』の如来寿量品では、仏がありのままに見た世界をこう示しています。

如来は如実に三界の相は、生れること死すること、若しくは退すること若しくは出ずること有ることなく、亦《また》、世に在るもの及び滅度する者もなく、実にも非ず、虚にも非ず、如にも非ず、異にも非ざることを知見して、三界のものの三界を見るが如くならざればなり。

私たちの世界の様々な現象が、生まれたり出てきたりすることも、死んだり消滅したりすることも、仏は否定します。また、現象世界は真実でもなければ偽りでもなく、このようなものでもなければ別のものでもないとします。仏が見たありのままの世界は、あらゆる概念規定を拒絶するのです。

では、そうした不可思議な世界の真実をどう表現すればよいか。研究者の立場からできるのは、仏教の真理の全容でなく一面の姿を、学問的に規定することでしょう。私の場合は社会哲学的な視点に立って論じます。

あらゆる存在表現を否定する、ということは、一面において、あらゆる固定観念から完全に自由であるという意味にとれます。そこで私は、これを〈自由自在〉と呼びたいと思います。仏教語の「自在」「無障礙《むしょうげ》」「円融相即」等の現代的表現と思ってもらっても結構です。また、仏教が唱える「無執着」の境地の積極的表現でもあります。

断わっておきますが、〈自由自在〉は、何でも好き勝手にできる自由などではありません。

反対に、不自由にも楽しみあり、として一切の物事と調和し、常に心軽やかな状態を言います。一般に考えられているような、不自由と対立する自由ではなく、自由からも不自由からも〈自由〉なことです。絶対的な自由とも言えますが、真の自由は絶対の次元にもとどまらないので、絶対即相対の自由と見るのが最も真実に近い。要するに無限に柔軟な自由なのです。

問題は、私たちと、この〈自由自在〉との関係でしょう。〈自由自在〉という世界の真実を知らず、現象の変化に引きずられ、生老病死の苦しみに喘いで生きるのか。それとも〈自由自在〉の世界に目覚め、あらゆる人生の起伏を楽しんでいくのか。前者は凡夫、後者は仏です。人間は〈自由自在〉の真理に対して、無知であれば苦しく、自覚的であれば楽しい。「仏になる」というのは、私たちが〈自由自在〉の世界に参画し、すべてを楽しむことである。そうは言えないでしょうか。

もしも多くの民衆が、このような人生の楽しみ方に目覚めていくならば、社会全体も変わらざるをえません。民衆が、一切の現象を楽しめるような社会になる。これは別の角度から見ると、一切の現象が民衆の楽しめる範囲内におさまる、ということです。社会のあらゆる現象が人々と調和するようになること、社会が人々にとって楽土になることです。

現象世界の真実である〈自由自在〉への人々の目覚めが一切を調和させ、地上を楽土に変えていく。そうした仏教的な社会変革の考え方を現実の社会に適用しようとした初めての試みが、日蓮による「立正安国」の提唱だったのではないかと、私は考えるものです。これはもちろん、直接的な社会運動ではありません。しかしながら、いわば宇宙の根源から社会の現実に働きかけようとする宗教運動であったことは争えないでしょう。また日蓮の目には、この根源的次元における社会への働きかけこそが現象の次元における一切の社会変革を最奥底で導く力に映ったのではないかとも推察されます。

6 使命の信仰

話を日蓮の事跡に戻しましょう。法然の排他主義に挑戦して『立正安国論』を権力者に提出した日蓮の行動は、当然のごとく念仏者たちの反感を買いました。一部の者はこれに憤り、日蓮を殺そうとその住居を襲撃さえしました。日蓮は何とか逃げ延びましたが、念仏者たちはさらに為政者の側に圧力をかけたと見られます。日蓮は罪人として政都の鎌倉を追われ、辺境の地に流罪されました。

それから一年九ヶ月後、日蓮はようやく赦免されて鎌倉に戻りますが、またしても旅行中に念仏者たちから襲撃を受けました。随行の弟子は即座に殺され、日蓮自身も顔を刀で切りつけられて右腕を骨折する重傷を負っています。

近代の日本には「日蓮主義」と称して、軍国主義を盛んに唱えた者がいました。そのため、日蓮その人も攻撃的であったかのごとく見なす人がいますが、相当な誤解を含んでいると思います。日蓮の記述によれば、不当な暴力によって殺された彼の弟子の数は、少なくとも数百人に及びます。にもかかわらず、日蓮の教団は攻撃からの防御を除けば、何一つ暴力を行使していません。歴史的事実として、日蓮は暴力の加害者でなく被害者だったのです。

ともかく、日蓮は『法華経』の真理によって国を救い、民衆を救おうとする行動を止めませんでした。『法華経』の真理は万物共生の法です。その共生の法を国全体が排斥するならば、人間と人間、また人間と環境世界との調和が失われます。だから今の日本では自然災害や社会的混乱が絶えないのであり、あげくには他国からの侵略さえ受けるであろう――日蓮は『立正安国論』の中で、こう予言しました。予言は、一二六八年に蒙古国の皇帝・フビライの使者が侵略を示唆する国書を携え日本を訪れるに至って、にわかに現実味を帯びてきます。事実、蒙古国は後に、二度にわたって日本を攻撃しました。

日蓮は蒙古による侵略の危機を知るや、政府の要人や有力寺院の中心者たちに手紙を送り、今こそ公開討論を行って仏法の正邪を明らかにし、正しい真理に帰依すべき時であると呼びかけました。しかし、その提案は無視され、かえって政界と宗教界が結託して日蓮を迫害する構図ができ上がっていったのです。

日蓮が五十歳を迎えた一二七一年の秋、政治権力の後ろ盾を持つ一部の有力僧らは、治安を乱す罪で日蓮を刑事告訴しました。日蓮は一度の事情聴取を経て逮捕され、『法華経』の巻物で顔面を何度も殴打されるなどの屈辱的な暴行を受けた後、その日の深夜に浜辺に連れ出され、裁判も開かれないうちに死刑に処せられようとしました。

ところが、処刑は中止となります。日蓮の自伝とされる文書を読むと、斬首の寸前、突如として月のように光る物が現れ、刀を持った執行人の眼が眩み、皆が驚き恐れて刑の執行ができなかったと言います。この奇跡の記述には疑問を持つ研究者もいますが、何らかの理由で日蓮の処刑が中止されたことはたしかです。日蓮は結局、厳寒の孤島への流罪に処せられました。

この二度目の流罪に前後する時期、日蓮は声高に「使命の信仰」を唱えています。『法華経』の中に、釈尊の滅後において誰がこの最高の経典を護り持つのか、という議論があります。

わが滅後において　誰か能《よ》く　この経を受持し読誦《どくじゅ》するや　今、仏の前において、自ら誓の言を説け。（見宝塔品）

釈尊は、弟子たちにうながします。多くの菩薩たちがその使命を担わんと願い、仏の滅後、いかなる迫害にも屈せずに『法華経』を受持し、説くことを誓います。これに対し釈尊は、彼らに安楽な弘教の方法を教えますが、弘教の真の主体者としては、新たに大地の底から無数の大菩薩を呼び出します。これが「地涌の菩薩」たちです。以下は、地涌の菩薩が突如、釈尊の説法の場に出現する場面の記述です。

その時、仏は諸の菩薩・摩訶薩の衆に告げたもう「止めよ、善男子よ。汝等の、この経を護持することを、須《もち》いず。所以はいかん。わが娑婆世界に、自ら六万の恒河の沙に等しき菩薩・摩訶薩有り、一一の菩薩に各、六万の恒河沙の眷属《けんぞく》あり。この諸の人等は、能《よ》くわが滅後において、護持し、読誦して、広くこの経を説けばなり」と。仏、これを説きたまう時、娑婆世界の三千大千の国土は、地、皆、震裂して、その中より、無量千万億の菩薩・摩訶薩ありて、同時に涌出せり。この諸の菩薩は、身、皆、金色にして、三十二相と無量の光明とあり。先より、尽く娑婆世界の下、この界の虚空の中に在って住せしなり。この諸の菩薩は、釈迦牟尼仏の所説の音声を聞きて、下より発《あらわ》れ来れり。

（従地涌出品）

地涌の菩薩は、娑婆世界の下にいる菩薩の大群集であり、すでに仏のごとき威厳と力を具え、各々が無数の弟子を持つ大指導者でもある。この大菩薩たちが、釈尊の指名に応じて大地の底から一斉に涌き出てくる。そして『法華経』の一切を釈尊から譲り受け、釈尊滅後の時代において月や太陽の光のごとく世を照らし、人々の心の闇を滅しゆく使命を担い立つ。『法華経』の後半部分で、ここは一つのハイライトになっています。

妙法を正直に広め、命に及ぶ迫害を何度も経験し、『法華経』のままの実践を貫いた日蓮は、ついに、この地涌の菩薩と日蓮自身との関係について語り始めました。――釈尊が入滅してから二千年以上が過ぎ、悪世末法の時代に入った。『法華経』の説のごとく迫害に耐えながら最高の真理を持ち弘める、勇気と信念と智慧の人はどこにいるのか。該当するのはわれわれだけではないか――と。日蓮はここで、自分が『法華経』に予言された地涌の菩薩であるとの自覚を初めて公にし、門下に対しても、共にその使命に生きることを勧奨したのです。

通常、菩薩は仏の下で自ら誓いを立て、悟りを求めて修行に励みます。仏が、特定の菩薩に教えを託すこともあります。しかし『法華経』のごとく、仏の悟りを広める使命を帯びて悪世に出現する無尽蔵の菩薩群を一大テーマとした仏典は、他に類を見ません。『法華経』

の特色の一つは、仏の後継者としての菩薩の使命を説く点にあります。法師品では、このことが「わが滅度の後に能く竊《ひそ》かに、一人のためにも、法華経の、乃至、一句を説かば、当に知るべし、この人は則ち如来の使にして、如来に遣され、如来の事を行ずるなり」と示されています。自分は仏（如来）の使いである、という弟子の使命感、さらに言えば責任感が『法華経』の実践論の中核なのです。悟りを求めるだけの者に、本質的な意味での責任の自覚はありません。地涌の菩薩のように、悟りを広める使命を帯びた者となって初めて、仏教的な責任の観念が生ずると言えましょう。

仏教者の共生主義は、ともすれば悪に対しても宥和的になりがちです。しかし日蓮の共生主義には、使命の信仰から来る、仏の後継者としての責任感が漲《みなぎ》っていました。この責任感が、悪を断じて許さない情熱を生むとも言えます。日蓮はこう述べています。

> 日蓮は幼稚で未熟な者であっても、法華経を弘めるからには釈迦仏の御使いである……この日本国が滅びるのは疑いないが、神々を制止して国を助けたまえと願う日蓮が控えていたからこそ、今までは安穏であった。けれども日蓮を迫害し続け、あまりに法華経の真理に背いたから罰があたったのである。
>
> （『種種御振舞御書』現代語訳）

日蓮は幼若の者なれども法華経を弘むれば釈迦仏の御使ぞかし……此国の亡ひん事疑ひなかるべけれど且く禁をなして国をたすけ給へと、日蓮がひかうればこそ、今までは安穏にありつれども、はう（法）に過ぐれば罰あたりぬるなり。　（同御書、原文）

永遠の仏・釈尊から重大な使命を託され、『法華経』を流布する日蓮を、繰り返し迫害する日本国――それを愛しつつも断罪した、日蓮の言葉です。文面上は宗教的な断罪ですが、日蓮にとって『法華経』の真理は万物共生の法ですから、共生の真理に反して民衆を苦しめる国家を断罪したことにもなります。日蓮仏教の共生主義は、明確な責任の観念をともなうゆえに社会悪との対決も辞さないのです。

7　人間主義

さて、日蓮の二度目の流罪は二年半に及びました。その間、日蓮の予言通りの蒙古による侵略が刻一刻と現実化しつつある中で、政治権力の側にも日蓮の力に頼りたい気持ちが出てきます。

一二七四年の春、日蓮は赦免され、再び鎌倉に戻りました。そして、かつて日蓮を殺そうとした権力者と会見し、蒙古が攻めてくる時期について聞かれます。日蓮は「今年中には必ず来るでしょう（今年は一定なり）」（『種種御振舞御書』）と答えました。はたして、その年の秋、蒙古は軍艦九百艘、兵士三万数千の大軍を率いて日本を攻撃しました。日蓮の予言は歴史的事実として的中したのです。

会見の際、権力者は日蓮に寺院の寄進を申し出るとともに、国家防衛の祈禱を依頼しました。しかし権力者たちは、ただ未曾有の国難を乗り切りたいだけで、根源的な次元から地上に平和をもたらしうる『法華経』の真理に目覚めようとしたわけではありません。

これに気づいた日蓮は、すべてを断り、人里離れた身延の山中に身を隠しました。儒学の古典である『礼記』の曲礼篇に「三《み》たび諫めて聴かれざるときは、則ち之を逃《さ》る」（『全釈漢文大系第一二巻　礼記上』集英社）とあります。日蓮も「三度国を諫めてもそれを用いない時は、国を去るべきである（三度国をいさめんにもちゐずば国を去るべし）」（『種種御振舞御書』）と心を決め、鎌倉を去って身延山に入りました。そこで八年余り、『法華経』の哲学を後世に伝えるべく教義の整備と弟子の育成に努め、一二八二年、静かに六十歳の生涯を終えたのです。

この晩年の時期に、日蓮は「使命の信仰」から「自己の信仰」へと歩みを進めます。――日蓮は、永遠の仏・釈尊からの使命を帯びて『法華経』の真理を弘めている。地涌の菩薩の先駆けとして、釈尊が明らかにしなかった南無妙法蓮華経を説き顕したことを思えば、その功績は甚だ大きいと言える。しかも『法華経』では、この経の実践者を仏のごとく尊敬せよ、と教えているではないか。日蓮やその門弟・信徒たちも、じつは釈尊と同じぐらいに尊い存在なのだ——。信仰が円熟の極みを迎えた日蓮は「私たちと釈迦仏とは同じほどの仏である（我等と釈迦仏とは同じ程の仏なり）」（『下山御消息』）と述べ、自らの存在を「教主釈尊より大事なる行者」（同上）と示唆したこともありました。

日蓮仏教の場合は「使命の信仰」と言っても、西洋の一神教におけるそれとは本質を異にしています。すなわち、絶対者の道具としてひたすら伝道に従事する信仰というよりも、仏に代わって仏の仕事をする信仰、さらには仏法の救済力によって自らも仏の悟りを得んとする信仰なのです。「使命の信仰」に励む仏の子も、次第に自立して「自己の信仰」に生きるようになる。こうした信仰の推移は、日蓮仏教にあっては理の当然でした。

そもそも『法華経』自体、全人類を仏にしたいと願う経典です。

舎利弗《しゃりほつ》よ、当に知るべし　われ、本、誓願を立て　一切の衆をして　われの如く等しくして　異ること無からしめんと欲せり。わが昔の所願の如きは、いま、已《すで》に満足し　一切衆生を化して　皆、仏道に入らしめたり。

方便品の一節ですが、ここには「皆に仏の悟りを得させたい」「生きとし生けるものを自分と同じ仏の境涯にしたい」との釈尊の思いが記されています。日蓮は、これについて「法華経を心得た者は釈尊と等しい、と述べた文である（法華経を心得る者は釈尊と斉等なりと申す文なり）」（『日妙聖人御書』）と説明しています。永遠の仏と自己とを同等に見なす。日蓮の仏教は、そのような「自己の信仰」で完結します。

『法華経』は現実を尊重し、生かしていこうとする教えです。したがって「自己の信仰」と言っても、現実離れした超人になる信仰ではありません。各人がありのままの自分を最高に輝かせていく信仰です。いかなる人も本質的に仏として尊重していく信仰です。私たちはこれを、仏教に基づく「人間主義」と称しています。

『法華経』の中に、あらゆる民衆を礼拝して回る菩薩が登場しますが、まさしく「人間主義」を体現した人格と言えましょう。この菩薩は、決して人を軽んじないので「（常）不軽《ふぎょう》菩薩《ぼさつ》」と呼ばれ、釈尊の前世の修行の姿であるとされています。

不軽菩薩は、男性にも女性にも、会う人ごとに「われ深く汝等を敬う」と言って礼拝を重ねました。礼拝された人たちは、かえってそれに怒り、菩薩を罵り、石を投げたり、杖で叩いたり、と暴力を加えます。それでも不軽菩薩は暴力を避けながら礼拝を続け、命が尽きる時には大功徳を受けたと言うのです。

この説話は、『法華経』が「人間主義」「非暴力」「平和」の経典であることを示しています。『法華経』は、道徳の規準が見失われつつある現代社会に対し、「人間を尊敬すべきである」という不滅のメッセージを送っているように見えます。

8　智慧からの出発

ここで日蓮仏教の修行論について、簡単に触れておきます。大乗仏教の菩薩は、仏の智慧の完成を目指して修行します。ところが日蓮の仏教では、修業中でも仏の智慧に立って振舞うことができると考えます。と言うのも、日蓮が南無妙法蓮華経という仏の智慧それ自体を文字の曼荼羅本尊として図顕し、民衆が直接それに接近できるようにしたとされているからです。

曼荼羅本尊の図顕は、本来的に文字化できない真理の文字化であって、衆生のために、あえてなされる慈悲の行為と言えます。その一々の文字は、仏の智慧のうちに具わる真理の表れです。単なる理論としての真理に救済の力はありません。真理は、それが智慧と一体の主体的な真理に、すなわち働く真理になってこそ、救済の威力を発揮します。日蓮の曼荼羅本尊は、真理と智慧の究極的な一致ゆえに絶大な救済力を持つとされるのです。この曼荼羅本尊に信者が祈りを捧げます。すると、その「求める力」に呼応して曼荼羅本尊の「救う力」が顕われ、信者は瞬間瞬間に仏の智慧を得ることができるわけです。

日蓮の主著『観心本尊抄』では「釈尊の修行と悟りの功徳の二つは妙法蓮華経の五字に具わっている。われわれがこの五字を受持すれば、自然に釈尊の因果の功徳を譲り与えられるのである（釈尊の因行果徳の二法は妙法蓮華経の五字に具足す。我等此の五字を受持すれば自然に彼の因果の功徳を譲り与え給う）」と主張されています。曼荼羅本尊の中央に認められた南無妙法蓮華経は、それによって釈尊が成仏したところの真理の本体であり、悟りの智慧の正体であり、一切の功徳を具えているとされます。私たちが曼荼羅本尊をひたすらに受持し、これを鏡として我が身の本尊を見る。その時、われわれ凡夫の心はそのまま仏の心となり、諸経典に説かれた釈尊の膨大な因果の功徳が自然に得られると言うのです。日蓮仏教の修行論の根本原理は、じつにここにあります。

また、妙法の曼荼羅本尊は、すでに論じた〈自由自在〉という世界の真実を顕示しているとも説明できます。曼荼羅本尊の鏡に照らして本来の自分が〈自由自在〉であることを悟り、即座に成仏するならば、一般的な行為の因果（業）の根源において完全に自由になれるでしょう。この瞬間的な成仏の因果は、行為の因果に対する絶対的な主導権を私たちにもたらします。そうした行為の因果に対する自在性の確立において、ありとあらゆる善き原因を持つに等しい立場が得られるのではないかとも、私は思うのです。

一般の仏道修行が悟りに向かって進む過程だとすれば、日蓮仏教の修行は悟りを徐々に強化する過程と言ってもよいでしょう。悟りの強化とは、未定着な悟りの生命を次第に踏み固めていくような修行のことです。日蓮仏教の信仰者は悟りから出発して悟りへと向かう。当然、これは悟りの智慧からの出発をも意味します。

9　活用の仏教

そして悟りの智慧から出発する以上、日蓮仏教者は、その智慧を現実社会に向けることができる立場にいます。日々、月々、年々に強まりゆく智慧を発揚しながら、世の中のすべてを生かそうとするのが、日蓮仏教の実践上の特色になります。日蓮仏教は、いわば「活用の仏教」です。

すべてを生かそうとする活用の仏教は、森羅万象を根源的な真理の現われと見なすところに成立します。『法華経』の方便品に「世間の相も常住なり」と、また智顗の『摩訶止観』にも「一切の法は皆是れ仏法なりと知る」（『国訳一切経』諸宗部三）と説かれている。そのように、一切の現象が真理そのものであれば、世の中に無用な存在など一つもありません。

妙法の本尊から日々仏の智慧を得る信仰者ならば、智慧によってすべてを活用できるはずでしょう。日蓮は、先の『観心本尊抄』に「晴天になれば、大地は明るくなる。そのように、法華経を知る者は、世間で認められている真理も自分のものにできるだろう（天晴ぬれば地明なり。法華を識る者は世法を得べきか）」と述べています。

世界には、おびただしい数の〈正義〉があります。それらから、たった一つの正義を選びとるのではなく、あらゆる〈正義〉を生かしながら全体的な調和をはかっていくべきではないでしょうか。森羅万象を根源的真理の現われと見る活用の仏教ならば、それができます。活用の仏教を奉ずる人は、仏教の立場を表に出すよりも、各文明、各国の文化を尊重し、あくまで種々の文化の内側から働きかけていきます。そうして、あらゆる文明、あらゆる国が宇宙に遍《あまね》く行きわたっている一つの根源的な真理を個性豊かに表現し、世界が無理なく多様なまま結ばれるように誘導するのです。

すなわち、活用の仏教にあっては、自分の属する文明圏や国において模範的人間として光りを放つ努力をすることが求められます。また、その文明、その国の良さを引き出すべく、良識ある人々と対話したり、文化活動を推進したりすることも大事になるでしょう。ことさらに仏教教義を持ち出さなくても、仏教の理念を世界に広め、人類の平和と繁栄に貢献することはできる。そう考えられるのが、活用の仏教の自在なところです。

ただし、この活用の仏教は社会的にまだ、はっきりと認知された存在ではありません。現代の世界を見渡すと、おおよそ三つのタイプの仏教が社会的市民権を得ていることに気づかされます。三つのタイプと言っても、それによって世界の仏教が大きく色分けできるという話ではなく、現代社会に受け入れられている仏教の実践に三つがあるということです。

一つは「自制の仏教」です。たいていの仏教は、釈尊が説いた中道の教えを重視しますから「自制」の倫理を支持しています。タイやスリランカ等の上座部仏教の流れを汲む僧侶たちは、元々戒律を厳格に守る伝統があるので、とりわけこれに熱心です。いついかなる時でも欲望や感情を理性的に操れるように自分自身を訓練し、常に心の平安を保って智慧に近づくことを、自制の仏教は説き勧めます。欲望を増長させている近代の理性に警鐘を鳴らそうと、文明論的な視座に立って世界中を講演して回る仏教僧侶も出てきました。

次に「瞑想の仏教」があります。仏教においては瞑想も、心の平安を得て智慧の門に至るために、極めて重要な実践とされます。現代の仏教界では、出家僧以外の一般人が実践できる瞑想法のプログラムを用意する、あるいは日常生活の中でも行える簡便な瞑想を考案するなど、瞑想を現代化、社会化しようとする動きが広がっています。現代社会の複雑なシステムの中で、精神的な健康を損なう人は増加する一方です。その点を鑑みると、仏教の瞑想の社会的普及は今後も進むでしょう。

三つ目は「献身の仏教」です。仏教者の利他的な献身は北方の大乗仏教が理想化する菩薩の自己犠牲に象徴されますが、南方の上座部仏教でも慈悲の教えに基づく「布施」等の利他行がさかんに唱えられています。現代の仏教者たちの社会的献身は、じつに多彩です。昔ながらの救貧・慈善の事業をはじめとして、非暴力や反戦平和の運動、森林保護等の環境保護活動、東南アジアの農村開発の現場に僧侶たちがかかわる活動など、多彩な姿が見られます。現代社会開発や女性のエンパワーメントのためのNGO組織で活躍する仏教僧侶もいます。現代における献身の仏教は、近代化が進展するほど宗教の社会的影響力は減退するとした宗教社会学の世俗化論に抗する、宗教復興の一現象と言えるかもしれません。

さて、現代の日蓮仏教は、今後、これら三つのタイプの仏教を継承しながら、新たに活用の仏教を展開するであろう、と私は見ています。活用の仏教では、欲望にも真理を認めます。積極的に欲望の真理性を開発し、欲望を生かそうとする。そこで得られるのは、「心の平安」というより「心の躍動」でしょう。

一九六〇年代のタイで、僧侶が人々に「少欲知足」を教えることを、政府が禁止したことがありました。仏教の倫理は経済開発を妨げる、と考えられたようです。開発途上の国々では、自制の仏教や瞑想の仏教が、しばしば社会的停滞を招くと見なされてきました。これには誤解もあるかと思いますが、自制や瞑想による心の平安を社会の活性化につなげるのが難しいというのも、一面の真実ではありましょう。

これに対し、活用の仏教のように心の躍動をうながす教えであれば、ダイレクトに社会的活力と結びつくことが考えられます。しかも「一切法即仏法」の立場をとるので、仏教的なスタイルにもこだわりません。〈自由自在〉なのです。最後に、具体例を挙げて活用の仏教の特徴を示し、私の話を終わりにします。


あなたが電車の指定席で、騒いでいる小さな子供と隣り合わせたとしましょう。あなたは、できれば睡眠をとりたい。そこで子供の母親に「静かにしてもらえませんか」とお願いするが、聞いてもらえません。そんな時、あなたが「自制の仏教」の人なら、怒りの心を理性的に抑制しようとするでしょう。「瞑想の仏教」を奉ずる人は、たとえば腹式呼吸をして心の中の怒りに微笑みかけ、自分の中の暴力を優しさや平静に変えていこうとする。「献身の仏教」に生きる人なら、親子の楽しい思い出のために自分が喜んで犠牲になろうと決意するかもしれません。

では、あなたが「活用の仏教」を信ずる人ならばどうか。あなたは、皆が満足できるように色々と努力します。自分一人が困っている場合は、席を立って別の車両の空席に移る。子供をおだてて静かにさせる、という手もあります。智慧は自由自在な対応力であり、われわれに定まった行動を要求することはありません。誰もが満足できるまであきらめず、智慧を働かせ続ける。それが活用の仏教です。融通無碍の社会的行為を理想とする仏教なのです。

もっとも、行動の基準がない分、この実践は好き勝手に流れる危険性を常に秘めています。それを防ぐには、智慧の指導者としての師の存在が不可欠になるでしょう。

仏教は長い歴史と伝統を持つ世界宗教です。けれども、その思想の真価はまだ十分に理解されているとは言えません。本日は日蓮の法華経観を紹介しましたが、多少なりとも皆様の仏教に対する理解の手助けになればと願うものです。

第四章　東洋思想と地球文明——〈中〉の思想をめぐる一考察

二一世紀に入ってはや十年。政治、経済、社会、文化など、あらゆる領域でグローバル化が急速に進行しています。私たちは、もはや異質な国と国とが交流しあう「国際社会」ではなく、地球という同一の環境を共有する「地球社会」に生きています。

そして地球社会は、新たに一つの文明、すなわち「地球文明」を生み出そうとしています。目下のところ、それは西洋文明、とりわけアメリカの文明が主導する形をとっている。日本でも、人々は日常的にアメリカ音楽やハリウッド映画に親しみ、マクドナルドのハンバーガーを食べ、スターバックスのコーヒーを飲むといったアメリカ化した生活を享受しています。

むろん、二一世紀の地球文明が、世界のアメリカ化であってよいはずがありません。当のアメリカ人でさえ、良心的で教養ある人々は他の諸文明を尊重し、多様なもの同士が共生できる世界を望んでいるでしょう。けれども西洋的な思考は――ギリシャ的な知にしても、一神教の世界観にしても、近代の合理主義にしても――すべて「区別」が基本になっています。区別の思考は、優劣の思考、競争の思考、支配の思考と結びつきます。その結果、経済的、政治的、軍事的に世界の覇者となったアメリカの文明が他の文明を侵食しつつある、というのが今日の世界でしょう。

1　東西文明に見る区別の思考

私は、この現状に対し、東洋の思想が果たすべき役割を論じてみたい[1]。先の西洋的な区別の思考とは対照的に、仏教、ヒンズー教、儒教、道教に代表される東洋の思想は、およそ「区別しない」という思考様式に立脚しています。区別しない思考、すなわち「無区別」の思考は、一見、個性をなくす考え方のようにも見える。しかしながら東洋的な無区別のエッセンスは、異なるもの同士が異なるままに同一である、とする点にあります。だから、多様なものの共生をうながす力になれます。

しかもそれは、西洋的な区別の思考とも本質的に対立しません。後で述べるように、本当の無区別の思考は、区別するもしないも自在の境地だからです。そこでは、自然で無理のない区別を肯定する、あるいは人為的な区別を調和のために生かす、という方向性がとられる。こうした考え方は従来、「中庸」「中道」「自制」「節度」などと称されてきました。いずれも極端に走ることを誡めているので、ここでは〈中〉の思想と総称することにしましょう。

〈中〉の思想は、東洋に顕著に見られますが、西洋にも昔からある考え方です。古代ギリ

【図１】区別と無区別の構造

シャの哲学者・アリストテレスが中庸を唱えたことはよく知られていますが、後で述べるように、イエス・キリストの教えにも中庸的な思想性が見てとれます。近代の西洋を見ても、経済哲学者のA・スミスや道徳家のB・フランクリンは節制や節度の徳を重視したし、「一の中に多を見出せ」と記した文学者のゲーテは大乗仏教の中道に近い考えを持っていました。このように、西洋にも〈中〉の思想はあるのですが、全般的に言えば「区別の思考」の方が支配的だったわけです。

　一方、東洋の側も、真の意味で〈中〉の思想を開花させることはできなかったと言えます。なぜかと言うと、「区別」に対して「無区別」を〈区別〉し、強調しすぎる傾向にあったからです。これは結局、新たな区別の思考、「無区別」による〈区別〉の思考に他なりません。東洋思想、とりわけ仏教において、無区別の本来の意義は、物事自体を区別しないことよりも認識の上で区別しない点にあります。認識の上で区別しないのならば、区別と無区別との違いも区別してはなりません。さらに言えば、そうした絶対の無区別にもこだわらず、すべておいて自在でなければならない。あくまで理解のための参考ですが、【図1】における円の立場こそ「真の無区別」と考えられるのです。

ところが仏教者や道家などの世界では、ただ物事を区別しない次元にとどまる思想が主流を占めたと言えます。そのためか、区別の俗世を離れて無区別の瞑想にふけるような〈区別〉の思考が、あたかも東洋思想の真髄であるかのごとく見なされ、東洋文明は通常の区別の思考を生かして使うことができなくなったのです。東洋が西洋に対し、科学技術や社会制度の整備の面で遅れをとった背景には、こうした無区別主義による区別の忘却という事態が横たわっていたように思われます。

私たちは今一度、人類の知的遺産である〈中〉の思想に目を向け、共生の地球文明を作り上げていくべきでしょう。そのための簡単な見取り図を描いてみることが、今回の話の目的です。

2 〈中〉を生きる人間

最初に、文明論的な観点から、「環境」と「人間の思考様式」との関係について考えておきます。アラビア半島やパレスチナなど、砂漠周辺の地域では、厳しい自然に対抗するために「戦う文明」が生まれ、宗教も「裁き」を持った一神教が発達した。かたや、高温多湿で森林に囲まれたアジア地域では、自然の循環のリズムにしたがって生きていく「忍耐の文明」が形成され、「包容」の性格が強い多神教が定着した。だいたい、このような説が人口に膾炙《かいしゃ》されているようです。

私は、この考え方を全面的には否定できないと思います。なるほど、環境こそが人間のあり方を決定する、と断ずる「環境決定論」は極端にすぎましょう。しかしながら、環境が人間に単なる可能性を与えている、とする「環境可能論」なら、十分に納得できる話です。人間と環境との相互作用、関係性によって文明を考えていく立場は、複眼的で多角的である分だけ、穏当な見解と考えられます。

私はまず、砂漠的気候に鍛えられた西洋の「戦う文明」と、森林の中に育まれた東洋の「忍耐の文明」とが、あるものと仮定します。その上で東西文明の型に収まり切れない、偏りがなくて全体的、総合的な信条と行動、すなわち〈中〉の生き方が、どちらの文明にも見られることに着目したいと思います。

釈尊、孔子、イエスなど、いわゆる高等宗教の創始者とされる人たちは、文明の如何にかかわらず、〈中〉の生き方を勧めています。彼らは一様に自立した人間でした。だから、必然的に〈中〉を生きたとも言える。〈中〉を択《えら》んで生きることは、人間が何ものにも頼らず、主体的に物事を判断することに他なりません。じつに〈中〉の生き方こそ、環境を可能性の一つに変えゆく力なのです。

3 釈尊・孔子・イエス

〈中〉を生きる人間は、西洋的な「戦いの文明」にいようが、東洋的な「忍耐の文明」にいようが、普遍的な生き方を求め、貫きます。ただ積極的に他者に向かう「戦い」でもなければ、ただ消極的に自己に向かう「忍耐」でもない。積極性と消極性、他者と自己との〈中〉を生きる。すると「戦い」は節度ある戦いとなり、「他者（敵）との戦い」のみならず「自己との戦い」の様相も帯びてきます。釈尊は説いています。

戦場において百万人の敵に勝つとも、唯だ一つの自己に克つ者こそ、実に不敗の勝利者である。

（『ウダーナヴァルガ』中村元訳）

敵と戦うことよりも自己との戦いこそ真実の戦いである、と強調するのです。孔子がまた、似たようなことを述べています。

政治をするのに、どうして殺す必要があるのです。あなたが善くなろうとするなら、人民も善くなります。

子、政を為すに、焉《いず》くんぞ殺を用いん。子、善を欲すれば、民善ならん。（『論語』）

敵を殺さずとも、自己と戦い、自己を修めれば、それで国はきちんと治まる。有名な「修己治人」の教えです。

「自己との戦い」を説くのは、何も東洋の聖者だけではありません。イエスも信徒たちに対し、自己の内面を見つめる戦いを教えていました。

人から出るものが、人をけがす。（「マルコ福音書」）

人を裁くな、そうすれば神に裁かれない。（「ルカ福音書」）

「わたしは裁きのためにこの世に来たのだ」（「ヨハネ福音書」）と語る預言者イエスは、典型的な砂漠型の「戦う文明」の宗教者でした。しかしながら彼は、他者との戦いだけでなく〝自己を顧みよ〟とも説いた。そこが、文明に影響されるままで終わらない主体的な精神の現れであり、〈中〉を生きる人間の自立性と言えましょう。

ところで、戦いの目的は支配にあります。忍耐の向こう側にも支配がある。人間の世界に支配はつきものです。ここでも〈中〉に生きる人間は、単なる力の支配を善しとしません。たとえば、釈尊が自ら示したのは「友情の支配」でした。

アーナンダよ。実に、わたしを善き友とすることによって、〈(迷いの世界のうちに)生まれる〉という性質をもっている人々は、〈生まれること〉から解脱《げだつ》するのである。

(『サンユッタ・ニカーヤ』中村元訳、岩波文庫)

アーナンダ(阿難)は、釈尊の十大弟子の一人です。その弟子に対し、師匠の釈尊が〝私を善き友人と思って修行に励めば、解脱(成仏)できるのだ〟と励ました。ここに見られるのは、師弟の平等観です。君も、早く私のようになれ——友情の言葉は、そのまま慈愛の指導となり、教団内に柔らかな慈しみの支配を現出させたことでしょう。

イエスに至っては、主従の立場を逆転させた「奉仕の支配」すら見られます。

一番上になりたい者は皆の一番下になれ、皆の召使になれ。（「マルコ福音書」）

イエスは、自ら弟子の足を洗ったと言われる。こうした「奉仕の支配」も、「友情の支配」と本質的には同じことです。奉仕も、友情も、ともに慈しみの表現だからです。

本当は、一国の支配も、このような慈しみに基づくのが理想でしょう。孔子は『論語』の中で「譲りあう心で国を治める（能《よ》く礼譲を以て国を為めん）」べきだと説きますが、いかなる政治体制であろうと、慈しみの念が隅々まで浸透すれば、国は和やかに統治されるものです。

〈中〉に生きる人間は洋の東西を問わず、自己と戦い、慈しみの支配を心がけた。このことを述べました。続いて、忍耐についてはどうだったかを見てみます。

〈中〉の生き方としての忍耐は、積極的な忍耐です。孔子の場合、それは「道」にしたがうことでした。

天下に道があれば表立って活動するが、道のないときには隠れる。

天下道あれば則ち見《あらわ》れ、道なければ則ち隠る。

（『論語』）

ここでの「道」は、天地自然の道理と言ってもよいでしょう。道理が通る世には活動するが、道理が失われた世となれば隠れる。そこで隠れるのは、単なる忍耐ではありません。天地自然の道理に進んで則るところの忍耐であり、むしろ積極的な忍耐なのです。ただし、孔子の積極的忍耐は、状況に逆らわないことから、精神的な積極性はあっても社会的な積極性に欠けていました。

これに対し、精神的にも社会的にも積極性を持った忍耐を説いたのが、釈尊とイエスでした。[2] 二人は、状況に抵抗する忍耐を「不殺生」「非暴力」という形で示した。「道に則る」とともに「道を作る」行動に出て、しかもそこで積極的に忍耐したのです。

すべての者は暴力におびえ、すべての者は死をおそれる。己が身をひきくらべて、殺してはならぬ。殺さしめてはならぬ。

（『ダンマパダ』中村元訳）

だれかがあなたの右の頰を打ったら、左をも向けよ。

（「マタイ福音書」）

前者が釈尊の共感的な不殺生であり、後者がイエスによる「敵を愛せ」という言葉、つまり非暴力の教えです。後者は、積極的という次元を超えて戦闘的とでも呼ばれるべきでしょう。釈尊の共感的な不殺生が暴力の病を鎮静化させる投薬治療だとすれば、イエスの戦闘的な非暴力は暴力の病巣を抉《えぐ》りとる外科手術です。この違いは恐らく、「忍耐の文明」（釈尊）と「戦う文明」（イエス）という、二つの文明の差異に基づくものでしょう。後述しますが、〈中〉の生き方は偏りを嫌うことでなく、偏りを生かすことです。ですから、それはむしろ、各文明の個性を通して表現されるのです。

　話を整理しておきましょう。〈中〉の生き方としての忍耐は、積極的な忍耐です。これには精神的な積極性を持つ孔子の忍耐、社会的な積極性も見られる釈尊の忍耐、さらには戦闘的な積極性を帯びたイエスの忍耐が挙げられます。次元や程度に差はあるものの、積極的な忍耐という態度が、東西の両文明にまたがる普遍的な〈中〉の生き方であることは争えないでしょう。

4　東西文明の「中和」

釈尊・孔子・イエスという東西文明を代表する偉大な精神をとり上げ、そこに見られる〈中〉の生き方を紹介しました。これを踏まえつつ、次に、東洋文明が二一世紀の地球文明に貢献できることは何かについて考えます。

私が言いたいのは、次の三点です。第一に西洋文明の「堅さ」を東洋文明の「柔らかさ」が「中和」すべきだということ、第二に東洋の調和力が諸文明を融和させうるということ、第三に大乗仏教の〈中〉が文明の共生に貢献できるということ。順次、説明していきます。

まず、第一の点です。西洋文明の特徴、それを一言で表現するなら「堅さ」ではないかと、私は思います。人類史が証明しているように、西洋の「戦う文明」は人間の外的な力――競争力や支配力――に秀でています。外的な力は、鍛えられた肉体、強大な軍事施設、経済的繁栄を象徴する巨大ビル群、森林を伐採する大型機械等々、どれもこれも「堅さ」を誇っています。近現代の社会を規律社会とか管理社会とか言う人がいますが、これも人間関係の領域における外的な力の「堅さ」を「規律」「管理」などの言葉で表わしたのでしょう。

対照的に東洋文明では、「柔弱は剛強に勝つ」と『老子』にあるごとく、「柔らかさ」が尊重されます。東洋の「忍耐の文明」は、人間の包容力や調和力を育てます。これらは、どちらかと言えば人間の内的な力です。内的な力は、柔軟な態度、対話や教育の重視、社会的・国際的な協調、自然との共生などとなってあらわれ、私たちの社会に「柔らかさ」を醸し出します。

すでに見たように、東西の文明には、それぞれ昔から〈中〉に生きる人間がいて、民衆の尊敬を集めてきました。しかしながら西洋の一般的な人々は、競争力や支配力に秀でた自らの「戦いの文明」を誇りに思って暮らしています。他方、アジア諸国においても、調和や序列を第一に考える「忍耐の文明」の伝統が、社会の方向性に無視できない影響を与えています。

西洋の「堅さ」は、行き過ぎると社会的対立を激化させて文明を閉塞に到らしめ、最後はそれを自壊させるでしょう。東洋の「柔らかさ」も、戦いの精神を忘れ去るならば、文明の停滞を招く結果をもたらします。この意味から、対照的な東西の文明は、その対照性ゆえに結びつき、それぞれに文明の偏りを「中和」させる必要があります。中和というのは、東西の文明をともに〈中〉へと向かわせること、すなわち真に主体的たらしめることを意味します。

東西文明の交流史は、およそ中和的ではありませんでした。歴史的に見て、近代以降の東西文明の交流のイニシアティヴをとったのは、明らかに西洋の側です。アジア諸国の西洋化、アメリカ化が示すように、それは西洋の「堅さ」が東洋の「柔らかさ」を一方的に駆逐してきた歴史にすぎません。この責任は、西洋の「堅さ」を主体的に消化できなかった東洋の側にもありますが、基本的には西洋の不寛容な拡張主義にあったと見てよいでしょう。

西洋文明の「堅さ」をほぐすために、また東西交流の一方通行を是正するためにも、東洋の「柔らかさ」の文明を、いよいよ世界に向けて発信しなければならないのです。東洋の「柔らかさ」は、西洋の「堅さ」の奥底に眠る「柔らかさ」を刺激する。愛の宗教を持つ西洋には、元々「柔らかさ」が隠されています。それを引き出すのが、東洋の「柔らかさ」の役目です。

そうすれば、やがて西洋の伝統に根ざした〈中〉の文明が形成されるでしょう。偏りとしての西洋文明の「堅さ」は、ここに全体性としての「堅さ」になります。東洋の側も、西洋の「堅さ」を中和しゆく中で、自身の隠れた積極性に目覚め、単なる忍耐に終わらない、積極的な忍耐としての「柔らかさ」の力を引き出していける。西洋からの借り物的な積極性ではなしに、東洋自身の眠れる積極性が目を覚ますのです。それは、単に文明の偏りであった東洋の「柔らかさ」が、全体性としての「柔らかさ」、すなわち〈中〉の「柔らかさ」に変貌することを意味しています。

要するに、東西文明の中和は、両文明が内なる〈中〉を引き出すための重要な契機となりえます。そして、この中和の鍵を握るのが、今まで西洋文明の後塵を拝してきた東洋文明からの積極的な発信力なのです。

5　東洋文明の調和力

私の第二の意見、東洋的な調和力が諸文明を融和させる、という点に移りましょう。世界の諸文明が〈中〉に向かうことは、決して各文明が個性を無くすことではありません。西洋は西洋らしく〈中〉になり、東洋は東洋らしく〈中〉になる、というのが本当の姿です。私が述べてきた〈中〉の意味は、偏りがないこと、つまり全体性や総合性でした。けれども「偏りがない」というのは、「偏りを嫌う」ということではありません。何かを「嫌う」のは、それ自体が一つの偏りの姿です。偏りのなさの本質は、じつは何一つ嫌わないところにあります。

そして何一つ嫌わないことは、すべてを嫌わずに生かしていくという態度です。アリストテレスは、「快楽」と「苦痛」にかんする中庸を「節制」としましたが、節制は快楽や苦痛を嫌うというより、それらの良さを生かした状態であると言えます。すべてを生かすことが本当の偏りのなさであり、すなわち〈中〉なのです。釈尊の「慈悲」、孔子の「仁」、イエスの「愛」、これらは皆、すべてを生かそうとする教えです。偏頗がありません。だから、彼らの教えを〈中〉と見なしうるのです。いかなる性質の人であれ、誠実に慈しみ、正しく対応し、真剣に愛する。一切を生かしていく。それが〈中〉の心です。

したがって、新しい〈中〉の地球文明も、各文明の個性を生かして形成されねばなりません。西洋が目指すべきは持ち前の「堅さ」を生かした〈中〉であり、東洋文明が創造すべきは「柔らかさ」を前面に出した〈中〉です。もっと具体的に、西洋らしい〈中〉は地球全体のために人類をリードする先導力であり、東洋らしい〈中〉は地球全体のために人類をまとめる調和力であるとも言えるでしょう。

西洋の先導力、東洋の調和力、これらは素朴な文明の偏りである「堅さ」や「柔らかさ」が〈中〉として再生したものです。先に述べた例で言うと、イエスの戦闘的な非暴力は西洋の先導力としての〈中〉、釈尊の共感的な不殺生は東洋の調和力としての〈中〉に該当します。今日の世界は両方を必要としていますが、とりわけ欠如しているのが調和力であることは論をまたないでしょう。

東洋文明の調和力は、どこまでも柔軟で軽やかなものです。

何ものかに依ることが無ければ、動揺することが無い。そこには身心の軽やかな柔軟性がある。行くこともなく、没することもない。

(『ウダーナヴァルガ』中村元訳)

これは釈尊の言葉です。近代的な個の自律は、自己自身や原理原則に縛られている。だから、時にはそれが足かせとなって硬直化したり、重たくなったりします。ところが釈尊が説くように、真に何ものにも依存しなければ、何の足かせもなく、身心ともに軽やかで柔軟です。(3) そのような個の主体性は、あたかも春風が頬を撫でるがごとく他者へと向かいます。平和的でありながら、しかも確実な前進の力である。二十世紀のドイツの哲学者、K・ヤスパースはこう述べています。

　仏教は暴力も、異教徒の迫害も、宗教裁判も、魔女裁判も、十字軍も伴なわない唯一の世界宗教となった。

（『仏陀と龍樹』峰島旭雄訳、理想社）

キリスト教と同じく世界に広がった宗教である仏教が、おしなべて暴力的、排他的な布教を行わなかった点に、ヤスパースは注目します。東洋文明の調和力は、軽やかで柔らかな積極性を特徴とするのです。

また対話の場においても、東洋の調和力は独特の効果をもたらします。西洋的な先導力の人は、往々にして対話を「議論」と「裁き」の場にする。これに対して調和力の人は、対話を「尊敬」と「教育」の場に変えようとします。

孔子が、まさにそうでした。彼は、すべての人から学ぼうとした。その上に、弟子たちとの対話では各人に最も適した指導を心がけた。だから、人によって正反対の話をすることもあったと伝えられています。『論語』の中に「求（冉有《ぜんゆう》）は消極的だから、それをはげましたのだが、由（子路）は人をしのぐから、それをおさえたのだ（求や退く、故にこれを進む。由や人を兼ぬ、故にこれを退く）」との孔子の言があります。彼は、相手に応じた教育的対話の達人でした。

ソクラテスがソフィストたちと行った「無知の知」を目指す対話ともまた違った意味から、孔子の対話は教育的色彩を放っています。ソクラテスは相手を自己矛盾に陥らせて「無知の知」へと導きましたが、孔子は相手の個性に配慮する教育者だったのです。

孔子は調和力の人でした。調和力としての〈中〉の人でした。

先生はおだやかでいてしかもきびしく、おごそかであってしかも烈しくはなく、恭謙でいてしかも安らかであられる。

子は温にして厲《はげ》し。威《い》にして猛ならず。恭々《うやうや》しくして安し。（『論語』）

多面的な〈中〉の人格が描写されていますが、「おだやか」「おごそか」「恭謙」「安らか」といった調和力の徳が前面に出ているところが、私には印象的です。たぶん、調和力としての〈中〉を具現化したような人格が孔子だったのでしょう。孔子は元来、感情の起伏の激しい人だったとされています。そこから克己勉励して中庸の人格を磨き上げたわけですが、それはやはり、東洋的な「忍耐の文明」に即した〈中〉の姿だったと言えるでしょう。

6　文明の共生と大乗仏教

第三の私の意見に入ります。これは、大乗仏教は文明の共生に貢献できる、というものでした。イスラム文明とヨーロッパ文明との対立に代表される「文明の衝突」が議論される中、世界の良識者が「文明の共生」への方途を真剣に模索しているのは、ご存知のとおりです。そこで私は、人類が大乗仏教の〈中〉に基づく生き方を選択するならば、様々な文明の共生が絶妙な形で実現されるのではないかと提言したいのです。

それはなぜか。一口に言うと、大乗仏教の〈中〉は「円」のごとき思想性を持つからです。通常の〈中〉は「直線」中の一点にたとえられます。アリストテレスの〈中〉は、自分とことがらとの関係において適切な状態を選ぶことでした。

すべて識者は過超と不足を避け、「中」を求めてそれを選ぶ。ただし、この場合における「中」とは、ことがらに即してのそれではなく、われわれへの関係におけるそれなのである。

（『ニコマコス倫理学』高田三郎訳、岩波文庫）

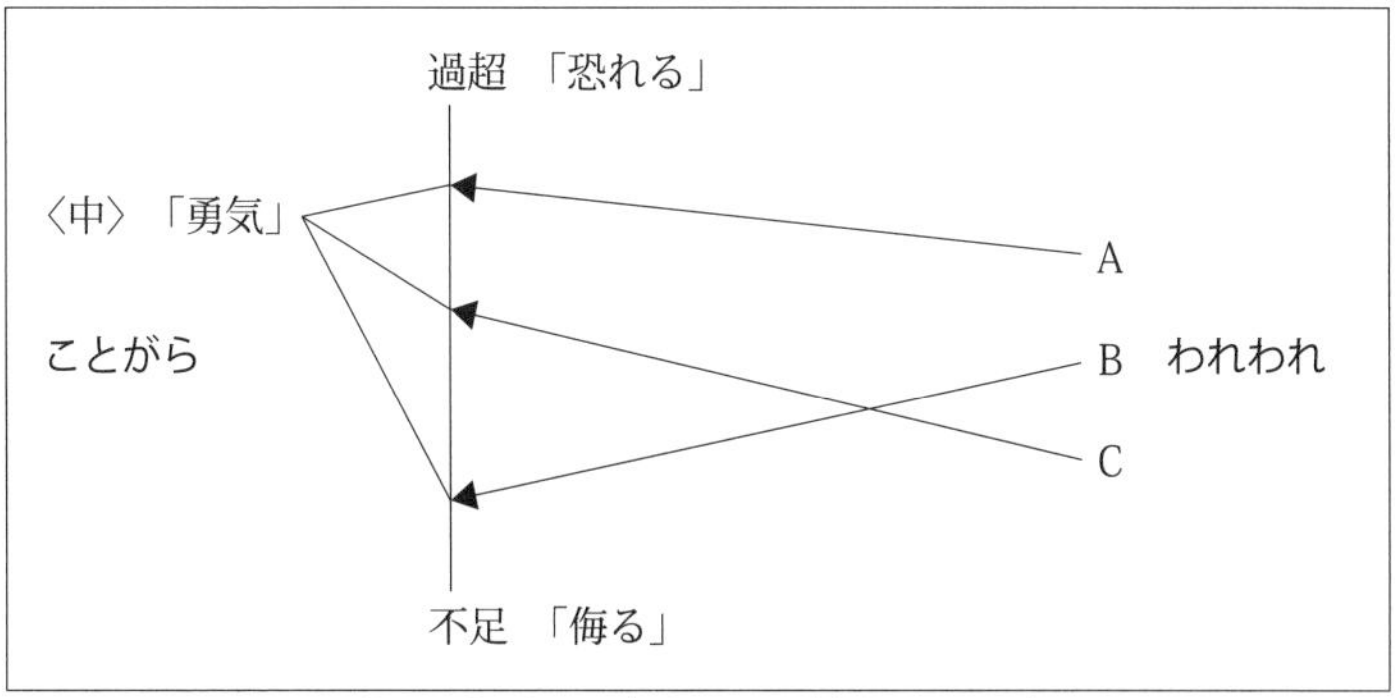

【図２】各人が適切な〈中〉を選ぶ

たとえば、不快なもの、ということがらについて、われわれとそれとの間には様々な関係があります。不快なものを「恐れる」のは過超、「侮る」のは不足、適切な関係の〈中〉は「勇気」とされます。この勇気の徳は、個々人の状況に応じて異なり、数学的比例における中間ではありません。したがって、この〈中〉は、【図２】のような〈過超――不足〉の線分において、各人（A・B・C）が適切な一点を選択する行為にあたるでしょう。

対するに、大乗仏教では、すべてを〈中〉として自在に生かすことが理想とされます。大乗の般若経典群の一つである『八千頌般若経』に「般若はらみつこそは、一切の法に立場をもたないものである」（平川彰訳、中村元編『大乗仏教』筑摩書房）と説かれています。大乗仏教は立場をもたない。しかしこれは、「立場を持てない」という意味ではありません。逆に、大乗仏教は、すべてを立場とする立場をとります。だから、この経典は「法は、存在しないという在り方で、存在している」（同上、平川訳）とも唱えます。

大乗仏教の〈中〉は、いかなる立場も持たず、それでいて、すべてを立場とするのです。『法華経』の「諸法実相」の教えを理論化した天台智顗《ちぎ》の言葉に「一色一香も中道に非ざること無し」（『摩訶止観』、『国訳一切経』諸宗部三）とあります。微細な存在（色）、微かな香りすら、中道の真理でないものはない。一切は中道である。天台教学では、この玄妙なる真理の意義を説明するのに「円」を用います。智顗が講述した『摩訶止観』『法華玄義』『法華文句』の三大部の筆録者である章安灌頂《かんじょう》は、智顗の真意をくみとりつつ、次のような一文を記しています。

まことに真実の理というものは、偏とか円とかの分別さえ超絶しているのであるが、一応、円やかなる宝珠にこと寄せて、その真実の理を語り述べる。

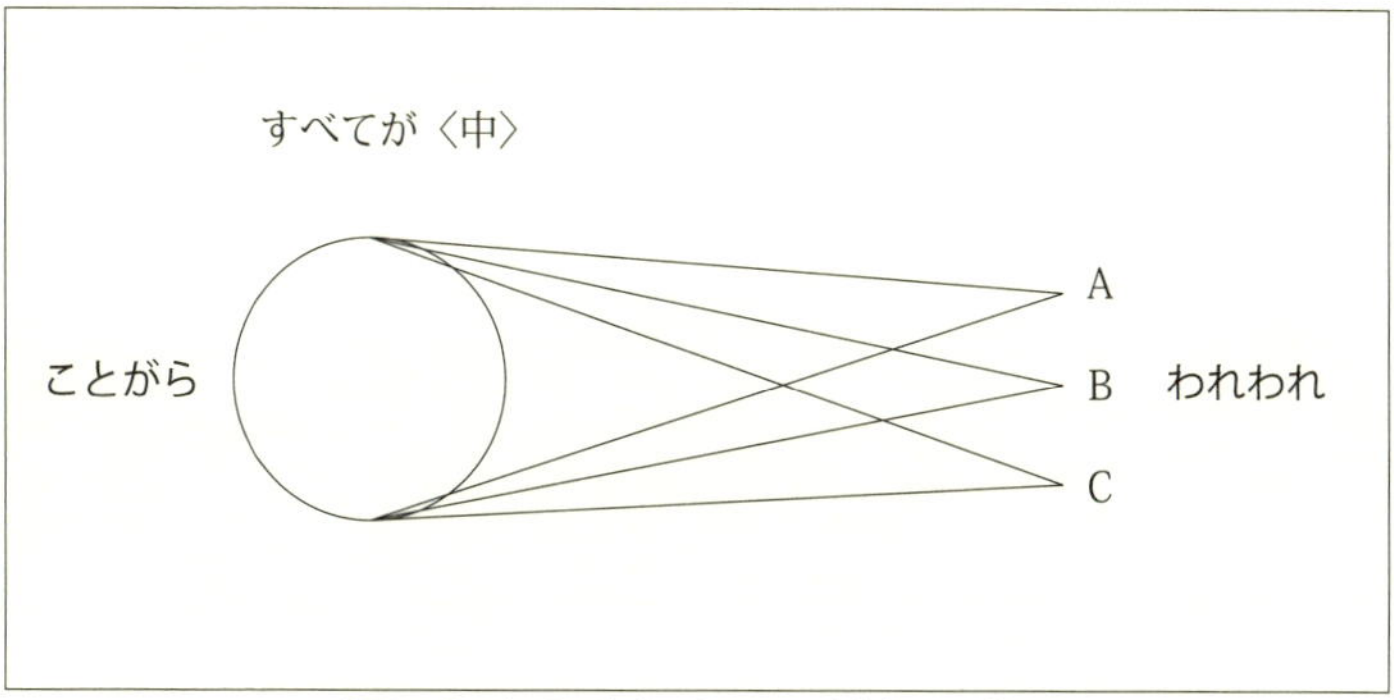

【図3】各人がすべてを〈中〉とする

夫れ理は偏円を絶すれども、円珠に寄せて而も理を談ず。
（原文書き下し）
（『法華玄義』多田孝正訳）

「偏」は部分的で偏ったもの、「円」は一切が完成した全体的なものを指します。『法華経』の真理は、この「偏」「円」の区別をも超えているのですが、一応、すべてに円満自在という意味から「円」の義を用いるとされます。最初にお話した「区別／無区別」の問題で言えば、大乗仏教の無区別主義は、区別するもしないも自在であり、一切を立場とします。この自在さを「円」と称するわけです。

当然、大乗仏教の〈中〉も、円の形を使って説明されねばならないでしょう。【図3】をご覧ください。われわれ各人が、ことがらとの関係において〈中〉

を選ぶ場合、大乗的な考え方にしたがえば、どこを選んでも〈中〉にあたると言えます。両極端の間で適切な位置を探るのではなく、両極のない円環のようにすべてが適切であるととらえるのです。そのことを図で表現しました。先に示した「不快なもの」という例で考えてみましょう。

【図2】の「適切な〈中〉を選ぶ」という立場では、過超的な「恐れる」と不足的な「侮る」に対し、「勇気」が〈中〉とされました。ところが、【図3】の「すべてを〈中〉とする」という立場になると、「恐れる」「侮る」「勇気」のすべてが〈中〉にあたります。けだし、殺人的な病原菌から身を守るには、へたな勇気よりも、神経質なほど恐れた方がよほど賢明でしょう。また本当に手強い相手に勝つためには、ある面で相手を侮るぐらいの気概を持たねばならない。しかし一般的には、適切な徳としての「勇気」を尊重することも大事である。このように一切を立場とし、自在に〈中〉を操り、現実に対応していくのが大乗の〈中〉なのです。

【図2】のような〈中〉は、あくまで観念的、理論的な次元ではないでしょうか。現実的、実践的なのは、かえって【図3】の〈中〉の方です。私たちは、刻々と変わる状況下で一瞬一瞬、適切な判断を迫られつつ生きています。そこで本質的に求められているのは、何らかの基準ではありません。何があっても幸福に生きる、そのための自由な主体性、言い換えるなら智慧それ自体が、私たちには必要なのです。大乗仏教では、この智慧の完成を重視し、それが成就すれば〈中〉に自在であると説き教えます。

大乗仏教の〈中〉は智慧であり、自由な主体性であることが、はっきりしてきました。これまで述べてきた西洋的な〈中〉や東洋的な〈中〉も、自由な主体性に基づく行為という点では大乗の〈中〉と変わりありません。しかしながら大乗の〈中〉は、「円」なる真理を立てることによって大なる飛躍を果たしています。【図2】【図3】を比較すれば明らかなように、「選ぶ〈中〉」から「すべてが〈中〉」への飛躍です。同質的でありながら、まことに劇的な変化と言うべきでしょう。

自由の完成とは何一つ対立を持たない「円」の姿でなければならない、と私は思います。私たちが何かと対立するのは、その何かを自由にできないことを意味しています。したがって対立をともなう「選ぶ〈中〉」は、まだ真に自由な主体性ではない。何の対立も無く、硬軟自在な「すべてが〈中〉」であってこそ、完全に自由な主体性と言えます。

では、完全に自由な主体性を持つ人格とは、いかなるものか。般若経典群の流れを汲む大乗仏典に『維摩経』があります。主人公は維摩居士という在家信者ですが、「仏道品」において文殊菩薩と有名な問答を行っています。そこでは菩薩も非道を行ずることが述べられ、善悪清濁を併せ呑む、自由自在な菩薩の人格が描かれています。

般若の空思想は全否定の哲学ですが、同時に縁起の教えでもあります。つまり、仮に設けられたもの（縁起）としては一切の事象を肯定するのです。すべてが仮のものであれば、私たちも、すべてを仮に使えばよい。自分の理性や感情さえも自由自在に操り、すべてに対して自由自在に振る舞えばよい。こうなります。

そのことが、以下の『維摩経』の文には具象的に示されている。内容をわかりやすくするため、中村元氏の現代語訳（前掲書『大乗仏典』所収）を用います。

あらゆる衆生の類の形と声とふるまいとを、無畏にして力あるもろもろのぼさつは一刹那にことごとくあらわす。もろもろの魔のはたらきをさとり知って、しかもその行ないに随うことを示しているが、それは方便を巧みに用いる智慧のゆえであって、意のままに皆すべてを現わす。

もろもろの経書・禁呪の術・技術・伎芸に関して、ことごとくこのはたらきを現じて、生きとし生けるものどもをうるおし、益する。世間のもろもろの道法の中において出家し、それによって人の惑いを解き、邪まった見解に堕することのないようにさせる。

一切の仏国土の中のあらゆる地獄のどこへでも往って、つとめてその苦悩を救う。

あるときには、すがたを現じて遊女となり、もろもろの好色の男を引きよせ、まず欲望の鉤《かぎ》によって牽《ひ》きつけて、のちに仏道に入らしめる。

我のみが偉いと思って憍慢《きょうまん》なる者どもに対しては大力士のすがたを現じて、もろもろの高ぶった心をうちくだいて、無上のさとりをもとめさせる。恐怖をいだいている者どものためには、かれらの前に立って慰め安んじて、まず恐怖のない状態にさせて、のちにかれらをさとりに向ってすすませる。

菩薩は、善悪・高下・貴賤・硬軟・厳寛等を嫌わず、無限に多面的な人格を持つ。そして、すべてを生かしながら仏道に向かわせていく。このことを感じとってもらえれば、と思います。

もっとも、大乗の無限に多面的な人格は、『法華経』の立場において初めて真実味や尊厳性を獲得するようにも思われます。『法華経』にくると、仮に存在している事象が、仮のまま真実と見なされるからです。『法華経』の「諸法実相」の哲学に基づくならば、世界の実相である完全に自由な主体性は、仮に存在する森羅万象に遍満しています。よって仮の事象も、そのまま常住不滅の真実在だとされる。すると、すべてを仮に使うと言っても、いわゆる便宜主義ではなく、すべてに真実としての尊厳性を認めながら活用することになるのです。

ここにおいて菩薩は、あらゆる気質や感情を自在に用いつつ、それらを自己の尊厳なる真実として体現しゆくでしょう。『法華経』の行者として生き抜いた鎌倉時代の日蓮が、その実例ではなかったかと思います。近代日本の思想家、内村鑑三の次の言葉は、日蓮の法華経的人格をよくとらえています。

> 日蓮上人は日本歴史における最大疑問物なり……彼の行為に不合、過失の多き、彼の言語の粗暴、乱雑なる、強者に対し頑なる、弱者に対してもろき、その志望の荘遠なる、その手段の極端なる……彼のごときは世界歴史においてもまれに見るところ、特に平穏、柔順を旨とするわが邦人の中においては、実に奇異中の奇異なり……彼のごときは実に不合中の合、反対中の調和なり。
>
> （「日蓮上人を論ず」丸山照雄編『近代日蓮論』所収、朝日新聞社）

内村は、日蓮のうちに〈強〉と〈軟〉との並立を認め、深刻な矛盾、不整合があると述べています。また、反骨的な所が、日本文化にあってはじつに奇異であることを指摘しています。さらに、すべての不整合が「不合中の合」「反対中の調和」として一の人格に統合されていること、つまり日蓮が〈中〉の人格者であることも暗に示唆しています。

内村の描写からわかるのは、日蓮における〈中〉の人格が、東西文明に見られる「選ぶ〈中〉」よりも、大乗仏教のダイナミックな「すべてが〈中〉」の方に近い、ということです。日蓮は、ありのままの感情を自在に生かしながら、なおかつそれらをすべて自己の真実とし、多様のままの統一としての人格を具現したのではないでしょうか。

「柔らかさ」という、東洋的個性の枠からも自由だった日蓮——。内村は、そこに驚きの声を上げています。私たちは日蓮の姿に、西洋的な「堅さ」と、東洋的な「柔らかさ」の両方を見てとることができるでしょう。これは偏りがないと言うのではなく、あらゆる偏りを担いうる人格だったということです。怒りも悲しみも、堅さも柔らかさも、強さも弱さも、ありとあらゆる人間の資質を自由自在に使い、しかもそのすべてが真実性を帯びている。これが内村を瞠目させた、日蓮の法華経的人格だったと推察されるのです。

先に私は、孔子は東洋的な「忍耐の文明」を生かした〈中〉の人格者だった、と述べました。孔子における〈中〉の主体性は、一文明の枠組みの中で行使され、どこまでも文明の個性を担う形で発現しました。ところが日蓮は、智顗の法華経哲学を継承し発展させる中で、完全に自由な主体性としての「すべてが〈中〉」を事実の上で把握し、自らそれに生きんとした。ここにおいて日蓮の〈中〉は、東洋文明の枠すら超え出ることになったと考えられるわけです。(4)

さて、以上のように論じてきたところで、私の中には次の思いが湧いてきました。――日蓮のごとく「すべてが〈中〉」を体した人間が出るならば、その人は地球上に存在する、ありとあらゆる文明を自分自身のものとして担い立つことができる。その人の文化的本質は東洋人であり、西洋人であり、イスラム民族であり、アフリカ人でも、各地の先住民族でもある。じつに、この全地球的、全地域的な人格こそが、諸文明の共生をはかりつつ統一的な地球文明を構築しゆく主体となりうるのではないか――と。

私の話を聞いて、仏教の創始者である釈尊が東洋的な〈中〉を生きた人間として紹介されたことを思い出し、釈然としない人もいるかと思います。釈尊は、東洋的な「選ぶ〈中〉」に生きたと言う。なのに、釈尊の使を自任した日蓮が東洋文明の枠を超えて「すべてが〈中〉」に達したと言うのはおかしいではないか。なるほど的を得た疑問です。釈尊が覚知した真理と、日蓮が奉じた『法華経』の真理とは、本質的に同じでなければなりません。

しかしながら、歴史上の釈尊は、古代インドの宗教文化に合わせて法を説くことに腐心したように見えます。釈尊の直説を記録したとされる原始仏典の数々を読めば、当時のインドの宗教界に見られた「解脱《げだつ》」「涅槃《ねはん》」の理想や瞑想の技法などを、釈尊が基本的に受け入れていたことがうかがえます。つまり、釈尊は、彼の属した宗教的伝統にしたがって自らの真理を示そうとしたのです。

ところが大乗仏教の思想家たちは、もっぱら釈尊の教えの真実を追求することに徹しました。この結果、真理それ自体に基づく〈中〉の生き方が仏典等に説き示され、ついには日蓮のごとき仏教者も現われたのではないでしょうか。粗雑ですが、とりあえず、そう述べておきます。

いずれにせよ、文明の共生は、私たちがどこまで他の文明を理解し、尊重できるかにかかっています。大乗仏教の理想である「すべてが〈中〉」は、その現実の体現者を私たちが知った時に、必ず人類の偉大な指標となることでしょう。

7　生活者の自由な主体性

東西の文明には、それぞれに「区別」〈区別〉の思考があり、またそれぞれに〈中〉の生き方がある。東洋思想の使命は、東西の思想傾向を「中和」するとともに、東洋的な〈中〉である調和力を発揮して文明の融和をはかることである。そしてまた、自由な主体性の完成がもたらす「すべてが〈中〉」の世界を探究した大乗仏教は、文明の融和をはかるにとどまらず、文明の共生のための人格的指標を提供できるだろう――。私が論じてきたことは、このように要約できます。

また今回、私が提示した〈中〉の種類をまとめると、

（1）先導力に秀でた西洋の「選ぶ〈中〉」
（2）調和力に長けた東洋の「選ぶ〈中〉」
（3）共生力に満ちた大乗の「すべてが〈中〉」

の三つになります。「選ぶ〈中〉」では、すべてを生かすために適切な状態を選びますが、

「すべてが〈中〉」になると、すべてをそのまま生かそうとするのです。

最後に、〈中〉の生き方が、一握りの聖人君子だけに許された特権ではなく、私たち生活者のものであることを申し述べておきたい。〈中〉をとる行為は、適切さにしろ、すべての肯定にしろ、人間の自由な主体性に基づきます。節制は悪癖から抜け出す自由な主体性の現われであるし、悪癖を肯定的に生かすことも自由な主体性の行為にあたります。ところが、この自由な主体性は、生活する人間、すなわち生活者に必須の能力であって、思想や宗教等を通じて後天的に形成されるわけではありません。

たとえば、私は仏教の信仰者ですが、仏教によって自由な主体性を得たのかと言うと、そうではない。むしろ、私の方が主体的に仏教を選びとったのです。[5] この選びとる能力、自由な主体性は、仏教の影響に関係なく、元々、私が生活する上で行使しているものです。生活者の自由な主体性は、思想や宗教に先立って存在しています。

賢明な生活者なら、その自由な主体性を「選ぶ〈中〉」に向けるでしょう。彼らは「選ぶ〈中〉」が生活に役立つことにすぐ気づきます。アメリカの建国期を生き抜いたB・フランクリンは、自伝にこう書いています。味わうべき、生活者の智慧の言葉でしょう。

この小著で私が説明し強調したいと思ったのは、人間の本性だけを考えてみても、「もろもろの悪行は禁じられているから有害なのではなく、有害だから禁じられている」のであり、従って来世の幸福を望む者はもとより、現世の幸福を望む者にとっても、徳を積むことは有利なのだ、という教えであった。

（『フランクリン自伝』松本慎一・西川正身訳、岩波文庫）

フランクリンにとって、徳の実践は生活を有利に送るために不可欠なものでした。彼は、自らが定めた中庸の徳を含む十三徳を厳格に守ったことにより、人生において多大な恩恵を受けたと述べています。(6) ある種の「選ぶ〈中〉」は、たしかに生活者の徳と言えるでしょう。けれども、生活者が本質的に志向しているのは「選ぶ〈中〉」より「すべてが〈中〉」の方だろう、と私は考えます。と言うのも、生活者本来の智慧は、いかなる環境にも適応するところにあるからです。生活者から見た世界は可能性の宝庫です。一見、使えないものも、智慧を凝らせば何らかの価値が見出せる。昨日はダメ、今日もダメでも、明日になればよくなることだってある。「苦あれば楽あり」「急がば回れ」「負けるが勝ち」「一寸の虫にも五分の魂」(7)――生活者の智慧は、何であろうと生かして使う「すべてが〈中〉」を強く支持するでしょう。

生活者には、もとより国境や文明の違いも関係ありません。『法華経』の智慧を現代に再生しようとした創価学会の戸田城聖・第二代会長は、一九五〇年に勃発した朝鮮戦争について、「戦争の勝敗、政策、思想の是非を吾人は論ずるものではない」と前置きしたうえで「この戦争によって、夫を失い、妻をなくし、子を求め、親をさがす民衆が多くおりはしないかと嘆くものである」と述べています。そして「かれらのなかには、共産党思想が何で、国連軍がなんできたかも知らない者が多くなかろうか。『おまえはどっちの味方だ』と聞かれて、おどろいた顔をして、『ごはんの味方で、家のある方につきます』と、平気で答える者はなかろうか」と綴っています（『戸田城聖全集』第三巻、聖教新聞社）。

民衆の赤裸々な生活感覚を強調する叙述なのですが、これが生活者の実像でしょう。思想以前の人間、それは主体的に「ごはん」「家」を探し、思想や国さえも、したたかに見定める生活者です。そんな人間像を、単に動物的と見なすような人は、あまりに浅薄でしょう。思想以前の生活者こそが、あらゆる哲学・思想を生み出し、神や仏を地上に呼び出した張本人なのですから。

生活者は、ある意味で不思議な存在です。キリスト教徒でもありうるし、儒学者になってもおかしくない。仏教徒でも、イスラム教徒でも、無神論者でもありえます。「人はかくあるべし」と説いたかと思えば、理想の押しつけに強く反発することもある。西洋文明の栄光を讃えつつ、その限界の克服を東洋文明の叡智に求め、他の諸文明への好意と賛辞も惜しまない。

そして民主国家でも、君主制国家でも、独裁政権下でも、共産主義国でも、いつでもどこでも生活者は「良き市民」であろうとします。良き市民は「良き生活者」として、あらゆる政治体制に先立って生きています。無原則・無定見ということではありません。その時代、その場所、その状況において、最も適切なものを選び、使っていく嗅覚としての自由な主体性を持っているのです。このあり方は、原則的でも無原則的でもなく、ただ主体として生きていると言うしかないでしょう。

現実の生活者は、どこかの社会体制に組み込まれ、特定の宗教に忠誠を誓っていたり、マルクス主義者だったり、愛国者だったりします。だが、それでも潜在的には、あらゆる宗教、思想、イデオロギーから自由です。繰り返すようですが、彼らは元々、思想や宗教を選ぶ側にいたのです。だから、何かに従属していても、なおそれを生かして使おうとする「しかたさ」を持ちあわせています。

仏教にかぎらず、東洋の諸思想は、生活者の自由な主体性を解明しようとしてきました。〈中〉に立脚した地球文明の構築——そこで諸文明の媒酌人を務めるにふさわしいのは、あらゆる文明の基盤にある生活者を関心事とした東洋思想ではないでしょうか。どうやら、東洋の文明が二一世紀の地球文明に寄与しうる点として、もう一つ、つけ加えるべきことがあるようです。東洋思想は、生活者の目線から人類を結ぶことができる――。こう申し上げて、私の話を終えたいと思います。

補注

（1）今回は、特に東洋と西洋の文明について考察し、それ以外のアフリカ文明やラテンアメリカ文明等には論及しなかった。断るまでもなく、欧米やアジア以外の諸文明の役割を軽視するつもりはない。筆者の手に余るため、とり上げなかっただけである。

（2）歴史上の釈尊に社会的な積極性はなかったのではないか、といった類の議論にかんして、筆者の見解を述べておきたい。原始仏教に見られる釈尊は、無我・縁起等の教えによって、あらゆる存在の独立自存性を否定し、迷いの生存からの解脱を人々に説き勧めた。この意味での釈尊は、社会的な無関心を勧める宗教者だったと言ってよい。

しかし、それは釈尊の宗教行動の半面にとどまる。『スッタニパータ』等の原始仏典を読むと、釈尊は、出家者にも在家者にも、「理法」にかなった自制的で慈悲深い行動をとるべきことを繰り返し説いている。本文中に示した釈尊の「非暴力」の教えは、その一例である。また彼は、世俗の人々に向かって節度ある経済生活を推奨したり、国王に対して「法」による慈悲の政治を勧めたりもしたと言う。こうした角度から見ると、釈尊の宗教的言説は――その意図がどうであれ――社会道徳の領域にかかわっていたと認めざるをえない。

原始仏教における釈尊は、一方で迷いの生存を否定しながら、他方では一切の生あるものを慈しみ、守り、育てようとし、そうした生命尊重の規範を「理法」と呼んでいた。結局、歴史上の釈尊の教えは「社会への無関心」と「社会の慈悲化」という二重性をはらんでいたのである。筆者が、釈尊の言説中に社会的な積極性を読みとるのは、むろん後者の面においてである。

（3）じつを言うと、仏教における真の「柔らかさ」は自由自在であるから、西洋的な「堅さ」にもなりうる。ただ、H・ベックが「いかにも、気品をそなえた柔和と慈愛こそは、このたぐいなき人物のもっとも著しい特質をなしている」（『仏教（上）』渡辺照宏訳、岩波文庫）と評したごとく、歴史上の釈尊は「柔らかさ」を表とした東洋的な〈中〉の人格であった。この理由については、6の「文明の共生と大乗仏教」の最後の箇所（一五〇、一五一頁）で推考している。

（4）これにかんしては、なぜ西洋文明でなく東洋文明から真正の〈中〉が生まれるのか、といった疑問も起きるだろう。柔らかさは、すべてでありうる――これが筆者の回答である。西洋的な「堅さ」自体から東洋的な「柔らかさ」を引き出すことはできないが、その反対は可能である。なぜなら、徹底した「柔らかさ」は自己自身に対しても柔軟であるために、「堅さ」に移行することができるからである。つまり、「柔らかさ」の本質は「柔らかさ」も「堅さ」も自在という点にある。東洋的な「柔らかさ」を徹底していけば、大乗仏教的な真正の〈中〉に到るのが、むしろ自然であろう。

（5）私たちは、思想や宗教にしたがいながらも、実際には主体的であろうとしている。イデオロギーの信奉であれ、宗教への帰依であれ、生活者が主体的に選びとる行為に他ならない。たとえ神の世界で神が人間を選ぼうと、人間の世界では人間が神を選ぶのである。観念上の神中心と、生活上の人間中心とは、実際には何ら矛盾しない。これは素朴な民衆にあてはまるだけでなく、神の存在を信じながら人間中心の哲学を唱えたデカルトやカント等においてもそうだったのである。

（6）フランクリンの十三徳とは、節制・沈黙・規律・決断・節約・勤勉・誠実・正義・中庸・清潔・平静・純潔・謙譲である。このうち中庸にかんする戒律は「極端を避くべし。たとえ不法を受け、憤りに値すと思うとも、激怒を慎しむべし」とされている（『フランクリン自伝』松本・西川訳）。

（7）生活者は自己中心的であって〈中〉などではない、と考える向きもあろう。しかし、自己中心的な欲望は、周囲を蔑ろにする分だけ不安定な状態であり、できるかぎりの安定を望む生活者の利益追求と同じではない。むしろ生活者の本来性から逸脱した姿が、自己中心性に他ならない。生活者の欲望は、もっとしたたかで、たくましいものである。

第五章　『法華経』の社会哲学を考える

東洋哲学研究所の松岡です。このシンポジウムのテーマは「現代の難問を『法華経』と『論語』からひもとく」ですが、『法華経』にかんする話を私に、ということで、お招きいただきました。厳密に言えば、私は『法華経』の専門家ではないのですが、せっかくの機会ですから自分なりにお話しさせていただきます。

私の書くことは、どうも小難しい。よく、そう言われます。難しい内容をやさしく言えない人は、自分自身がそれを本当にわかっていないからだ。恐らく、これは真実でしょう。しかしカントが『純粋理性批判』の序文の中で述べているとおり、本当に難しい話を無理にやさしくすると、かえってわからなくなる場合もある。その辺が微妙なところです。今回は、なるべくわかりやすくお話できるように頑張りますので、どうか宜しくお願いいたします。

1 「すべてを生かす力」を説く仏教

本日、私は、『法華経』の中に「自由」「平等」「調和」「正義」などがどのような形で見られるのかについて、考えてみたいと思います。つまり、『法華経』の社会哲学を考えようとする試みです。

私は仏教の研究者ですが、文献学的な研究ではなく、社会思想、仏教と政治とか、仏教と経済とか、そうした関係をずっと研究してまいりました。わけても、仏教の社会哲学的な展開が年来の研究テーマです。私は、研究者としてはまだ駆け出しなのですが、元々仏教の僧侶です。それで若い頃から、仏教について考える時間だけは十分にありました。もうかれこれ三十年近く、仏教と社会のかかわりについて自分なりに考えてまいりました。今日は、その一端をお話できればと思います。

今、仏教学者たちの間では、大乗経典――『般若経』『華厳経』『法華経』『涅槃経』等々――は文献学的に言って後世の仏教徒の作である、という見方が、ほぼ定説となっています。釈尊の生の声を反映しているのは初期仏教の一部であり、それが本来の仏教の教えであろうと推測する人もいます。

しかしながら初期の仏典にしても、釈尊の入滅後、その教えの内容が暗唱によって伝えられ、ある時期になってパーリ語に文字化されたものと見なされています。ならば、大乗仏典についても、同じような成立過程を想定できなくはありません。その場合、両者の違いは時間的な長短にすぎず、どこまでが仏説でどこからが非仏説か、といった議論はほとんど無意味になると思われます。

また、存在のあり方の真相を一切の区別から離れた「無分別」に求める大乗仏教の世界観に立てば、そもそも釈尊の存在を紀元前五世紀頃のインドに生まれた一個人に限定できなくなります。自己と他者を本質的に区別するのは、大乗仏教では迷いとされます。よって、大乗仏教徒たちが仏との不二を深く信じ、釈尊は彼ら後世の弟子のうちに顕れて法を説くのだと考えても、何ら不思議ではないわけです。瞑想中の見仏体験は、そうした人たちにとって信仰上の事実だったでしょう。明らかに作為的な偽経は別にして、およそ高い思想性を備えた大乗経典の編纂者たちは、仏の直説を書きとどめるという自覚の下で釈尊の残した思想を発展させ、深化させたと推察されます。その意味からすれば、大乗非仏説の議論は、釈尊の存在を歴史上の個人に限定するかしないか、という問題でもあるように思えるのです。

私個人の意見はさて置きましょう。今日において、最初期の仏典の数々が非常に重視されている事実は否めません。初期仏教で強調される理想は「涅槃《ねはん》」、すなわち煩悩の火を吹き消した、静かな安らぎの状態であると言われます。すると、社会的な問題に仏教者はあまり煩わされるべきではない、世俗にかかわらないのが本来の仏教なのだ、という話になってくる。そういう考え方も、たしかに成り立ちます。

けれども、釈尊の直説を伝えるとされる『スッタニパータ』や『ダンマパダ』などの原始仏典を見ると、生きとし生けるものに慈悲をかけなさい、と説かれている。それから修行の心得としては、自己自身に帰依する、または自己の主になりなさい、とある。

こうした倫理性や自律性を説く言句は、俗世間から離れた静けさや安らぎを仏教の理想とする考え方とは、どうも基本的な筋道が違っているのではないか。前者は自己肯定の方向であり、後者は自己否定の方向ではないのか。私は以前から、そう思っていました。そして、釈尊は古代インドの遊行者文化が形成した「涅槃」の概念を借りながらも本当はもっと積極的な境地を教えたかったのではないか、と考えるに至りました。

そこで改めて大乗仏教に目を向けると、大乗の真理とされる「空」も、じつは積極的な何かであることに気づいたのです。ナーガールジュナ――中国では「龍樹」と言います――が著したとされる『中論』の中に、空と言うのはまったくの無でなく縁起と同じであり、その本質は中道であると説かれている。他にも、空だから何も無いということではなくて、むしろ空によって一切が成り立つのだと、そのように随所で示されている。

してみると、空という概念は極めて積極的な意味を持つ。つまり、「まったく何も無い」を徹底すると、逆に積極的なものが出てくる。私は、このことを思い知らされました。かくして、今年（二〇〇八年）の四月に出した拙著『現代思想としての日蓮』（長崎出版）の序文の所で、次のように書いたのです。

仏教の中道は、ブッダ（釈尊）が成道後に苦楽二辺の中道を説いたことに始まる。中道とは、両極端のバランスをとることでも、センターに立つことでも、ほどほどにすることでもない。それは、一切を生かして使うことをいうのである、苦楽についていうならば、苦楽の中間を理想とするのではなく、苦も楽も主体的に使いこなし、苦楽を味わっていくのが中道に立脚した人生であろう。

原始仏教の釈尊が教えたのは、欲望を満足させる「楽」でも身心を痛めつける「苦」でもなく、この二つの極端を避ける「中道」でした。すなわち正しい見解、正しい考え、正しい言葉、正しい行ない、正しい生活、正しい努力、正しい思い、正しい瞑想という「八正道」の実践です。これは、苦にも楽にも執着しない境地に至るために、適正な自制の態度を勧めたものです。この中道には、なるほどバランス主義的な意味合いもあるでしょう。

しかし、いったん無執着の境地が開かれると、先のナーガールジュナの説のごとく、一切を成り立たせる空が中道になると考えられます。つまり、苦も楽も自在に生かすことが中道の究極ではないか、と私は見ています。バランスをとることも、両極に対して一定の自在性が確保された時に実現されるものです。「ニルヴァーナとは、一切の束縛から解き放たれることである」（『サンユッタ・ニカーヤ』中村元訳、岩波文庫）と釈尊は述べますが、一切の束縛からの解放は無限の自在性の獲得に他なりません。この無限の自在性が中道なのです。無限の自在性は、決して固定的にならないので何ものとも対立せず、対立なき自在性として、すべてを生かす方向に働くと考えられます。

そもそも無の究極は、根源的な自在性でもあります。山内得立《やまうちとくりゅう》という人――戦前、京都大学に哲学者の西田幾多郎がいましたけれども、その門下です――が、「中」という問題、とくにナーガールジュナの「中」という問題を非常に熱心に探求しています。この山内氏が書いた論文の中に「凡《すべ》てに於いて無きものは凡てを有らしめんとするもの」（『ロゴスとレンマ』岩波書店）という一節があります。

いったい、どういう意味なのか。「無い」について、コップの中に何も無い、といったことではなくて、まったくもう、すべてが無い、と考えてみましょう。有るも無いもない。頭で考えうるすべてが無くなってしまった場合、どうなるか。要するに空の世界を言っているのですが、まったくすべてが無いということは、とりも直さず、すべてに自由自在ということでなければなりません。無限の否定においては、もはや有と無の境界などあってはならない。だが、そうした有無を決められない世界もまた、否定されねばならない。そこで、有るも自在、無いも自在、有無から離れるも自在、有無に徹するも自在、とでも言うしかなくなる。山内氏の言う「無即有」は、この自由自在の真理に迫ろうとしていると見られます。自由自在の真理からなる世界は、すべてが実体の無い空であるとも言えるし、すべてが常に変化しながら有るとも言えるし、すべてが中道の真実在であるとも言えます。空は単なる空でなく、即ち仮有《けう》であり、即ち中道です。仮有や中道についても同じ理屈があてはまる。天台宗では、これを「即空・即仮・即中」の円融三諦《えんゆうさんたい》として説明しています。とくに仮有が空や中道と相即することは、現象世界が無常のみならず常住でもあるとの見方を生み、仏教一般の無限否定の世界観に劇的なパラダイム転換をもたらします。

　このような仏教の真理は、本来、いかなる表現もできない悟りの境地でしょう。ただ、それを一定の角度から照射して把握することなら、十分に可能です。私は近年、悟りの真理の現実的な働きを「すべてを生かす力」と表現しています。

　歴史的に見て仏教は、悟りの真理における全否定の面を表にし、無限の否定を唱える傾向が強かった。「空」「無常」「無我」「涅槃」「寂滅」等の諸概念が、その代表例です。私は反対に全肯定の立場から、仏教的な肯定のあり方を考えました。この結果、あらゆる現象の真実は自由自在であり、それゆえに一存在が全存在を自己とすることを知りました。そしてこの、一存在がそのまま全存在でもある、という自由自在の真理の現実的な働きを「すべてを生かす力」と呼ぶことにしたのです。ここで言う「力」は、自在な働きという意味に解してもらってもよいでしょう。

私たち一人一人は、元々「すべてを生かす力」を秘めています。「私は何ものでもない。だから自由自在であり、何ものでもある」と考えていくと、非常に積極的な人間観が浮かび上がってきます。私はすべてである、山も、河も、他人も、すべてが私である――。この人は、一切を自己自身とする存在の真理に生きています。そして、この人が存在の真理を現実に動かせると「すべてを生かす力」が現れるのです。

以上の見解は、私の創見などではありません。むしろ、大乗仏教の伝統に則った解釈だと思っています。たとえば、『法華経』では、私の言う「すべてを生かす力」が如来の自在の神力として説明されています。また、天台宗の基本教義である「一念三千」を社会的実践論の観点から言うと「すべてを生かす力」のようになるでしょう。

「すべてを生かす力」は、今回の発表のキーワードになるので、もう少し説明します。仏教の悟りは無執着、一切にとらわれない境地である、と言われます。生存の欲望に執着しないだけではありません。釈尊は、真理にも固執しませんでした。『スッタニパータ』（『ブッダのことば』中村元訳、岩波文庫）を読むと、そこに「一切の（哲学的）断定を捨てたならば、人は世の中で確執を起こすことがない」「かれは両極端を知り尽くして、よく考えて、（両極端にも）中間にも汚されない。かれを、わたしは〈偉大な人〉と呼ぶ」などとあります。釈尊は常にドグマへの執着を戒め、自ら整然たる哲学体系を作ろうとはしませんでした。

そう考えると、仏教の悟りの世界は「完全な無」なのだと主張し、この見解に固執するような仏教研究者は、釈尊の真意を解さず、一つのドグマに執着していると考えざるをえません。真の無執着の立場からすれば、悟りの世界を「完全な無」と見る説に一面で同意しても、そこに窮屈に縛られることはないのです。否、無の世界だけでなく、有の世界にも、その中間にも、とらわれてはなりません。『法華経』の序説にあたる『無量義経』では、仏の身にかんして「有に非ず亦《ま》た無に非ず」「無相の相にして有相の身なり」などと説き示していますす。要するに有無に自在です。そして、この自在性を「有」の方向に見ると「すべてを生かす力」になるのです。

ここまで言うと気づかれた方もいるでしょうが、「すべてを生かす力」も一つのドグマです。と同様に、悟りを「完全な無」と考えることも、やはり一つのドグマです。私は、そのどちらにもとらわれません。ただ、「すべてを生かす力」のドグマは、仏教の社会倫理や社会哲学を構想する際の、多分、唯一の土台になるでしょう。倫理の主体となる個人にしても、近代的な社会の観念にしても、当然「有」の世界に立脚しているからです。「無」の世界に着目した仏教のドグマを「有」の世界の論理にあてはめるのは、いかにも無理があります。無理のない仏教のドグマは、ただ「すべてを生かす力」という立場から導かれる原理であろうと思います。

ところで、仏教の基本的な教理を「すべてを生かす力」という観点から解釈していくと、どうなるでしょうか。「無常」という言葉があります。諸行無常。すべてのものは変化していく。しかしながら一切が絶えず変化するならば、変化の力というものがなくてはなりません。変化の大元とでも言いましょうか。それ自体は永遠のはずです。

それから「縁起」です。大乗仏教では互いに相互依存して支えあうという意味が与えられますが、これはまさしく互いに生かしあうことでしょう。また「慈悲」という語は「マイトリー（maitrī）」＝「慈」と「カルナ（karuṇā）」＝「悲」というサンスクリット語の漢訳で、苦しみを抜いて楽しみを与える、という意味を持ちます。これもまた、万物を生かそうとする力と言ってよい。「すべてを生かす力」という原理を立てることによって、仏教の基本教義を社会的に翻訳する手がかりが得られるわけです。

2 『法華経』はすべてを生かす経典

「すべてを生かす力」は、『法華経』の中にも明らかに示されています。たとえば、『法華経』には二乗の成仏が説かれます。「二乗」とは「声聞《しょうもん》」「縁覚《えんがく》」のことで、十種類の衆生の境涯（地獄・餓鬼・畜生・修羅・人・天・声聞・縁覚・菩薩・仏）が仏典に示されているわけですが、そのうちの七番目と八番目に位置するタイプの人たちです。声聞は仏の声を聞く人、縁覚は独自に十二因縁を観じて理法を悟る人、という意味で、いずれも仏教を知的に学ぶ者と言えましょう。彼らは人生の無常を客観的に見つめ、どちらかと言えば厭世主義的な世界観を持っていました。生きることの本質的な意味が見出せないから、衆生の救済よりも、自分が生の束縛から解放されることを中心に考えてしまう。こうした二乗は、『維摩経』『大集経』等々の大乗経典において絶対に成仏できないとされました。二乗の人は自分のことばかり考えている、恩知らずで自己中心的である、よって絶対に成仏はできない、と言うのです。

ところが『法華経』にくると、この二乗にも成仏が許される。信解品に「われ等は、今者《いま》、真にこれ声聞なれば　仏道の声をもって一切をして聞かしむべし」とあります。仏の説法を聞いて小さな立場で満足していた声聞が考えを改め、自ら仏の声を発して人々を救い、仏の悟りを目指す〝真の声聞〟となった。その、いわば「菩薩としての声聞」に対し、未来の成仏が予言されます。さらに五百弟子授記品に至ると「諸の菩薩は　声聞・縁覚と作《な》りて　無数の方便をもって　諸の衆生の類を化して」「内に菩薩の行を秘《かく》し、外にこれ声聞なりと現わして」などとあり、菩薩が人々を救うためにわざと声聞の姿を現ずる、という「声聞としての菩薩」も説かれます。声聞の正体は菩薩以外の何者でもないとされたのです。二乗という知識人が、主体的に民衆救済に立ち上がるべき真の理由が、ここに開示されたとも言えるでしょう。

『法華経』のすばらしさは二乗の成仏を認めたところだ、と『大智度論』は称えています。『大智度論』は摩訶般若波羅蜜経の注釈書で、五世紀の初めに鳩摩羅什が訳出したとされます。『法華経』の二乗作仏の思想は、それほど古くから注目を集めていたということです。

『法華経』ではまた、悪人の成仏も説かれます。『法華経』の中に提婆達多品がある。同品は、羅什が訳した当初の『法華経』(『妙法蓮華経』)にはなく、後から付け加えられたと考えられています。が、しかし、万人成仏を掲げる『法華経』の思想性から言えば、悪人も成仏しないとおかしなことになるでしょう。伝説によると、提婆達多は釈尊の弟子の一人で、しかも従兄弟にあたるのですが、釈尊に敵対してその殺害を試み、最後は自分が生きながら地獄に落ちたとされています。中国や日本の仏教者の間では、悪人の代表のように思われている人です。

その度しがたい悪人について、提婆達多品ではこう説かれます。

等正覚を成じて、広く衆生を度すること、皆、提婆達多が善知識に因《よ》るが故なり。

前後の文も含めて、意味を述べてみましょう。――今、釈尊が悟りを得て、こうして衆生を救うことができるのも、皆、提婆達多のおかげである。なぜかと言うと、遠い過去世において、提婆達多は釈尊を仏道に導いた善き友人、すなわち善知識であった。阿私仙人という名の善知識であった。したがって提婆達多は、考えられないほど遠い未来に「天王如来」という仏になり、広く民衆のために妙法を説くであろう――。提婆達多品の中で、釈尊はそのように説き明かします。

この提婆達多品に、今の提婆達多は釈尊の敵対者である、とはっきり示されているわけではありません。ただ、今に伝わる〈提婆達多＝仏敵〉説と合わせて考えるならば、右の釈尊の話は、大悪人の過去が自分に仏の道を教えてくれた大恩人だったと打ち明けたことになり、まことに衝撃的です。仏敵たる大悪人も過去をたどれば善師であり、未来には仏となるべき人である――。かく語る『法華経』は、まさにすべてを生かす経典と言うしかありません。

悪人以外にも、『法華経』は畜生である竜女の成仏を保証しています。同じく提婆達多品に出てくる話ですが、非常に聡明とはいえ、わずか八歳の竜王の娘が、諸仏の教えを奉じて瞑想に入り、「刹那の頃《あいだ》に、菩提心を発《おこ》して、不退転を得たり」とされます。智慧第一の仏弟子・舎利弗《しゃりほつ》は、これを大いに怪しみ、釈尊でさえ悟りを得るには難行苦行だった、ましてや女性は成仏の器でもない、などと難じますが、当の竜女が自ら男性の菩薩に変じて悟りを開く姿を見せ、舎利弗等を沈黙させてしまいます。

かくのごとく、救いがたいとされた人々の成仏を説くところが、また『法華経』に対する熱心な信仰を生んだのでしょう。中国で、朝鮮半島で、そして日本でも、この経典はじつに多くの人々の心をとらえ、東アジアの文化に有形無形の影響を及ぼしてきました。

もう一つだけ、述べておきます。「但行礼拝《たんぎょうらいはい》」と呼ばれる修行に徹した常不軽菩薩《じょうふぎょうぼさつ》（不軽菩薩）の話が、『法華経』を読み進めるうちに出てきます。不軽菩薩は、人々を軽んじない菩薩です。この菩薩は経典を読んだり説いたりするより、もっぱら出会う人々に尊敬の言葉をかけていった。それも彼から見て、間違った教えに執着する僧俗男女を未来の仏と信じ、深く、また平等に尊敬したと言います。この時に口にした言葉が「われ深く汝等を敬う。敢《あ》えて軽《かろし》め慢《あなど》らず。所以《ゆえ》は何《いか》ん。汝等は皆菩薩の道を行じて、当《まさ》に仏と作《な》ることを得べければなり」です。私は、あなた方を深く敬う。絶対に軽んじない。なぜなら、あなた方も修行すれば必ず仏となるからである。不軽菩薩はこう訴えて、人々の間を歩き続けました。

そんなことを言われた人は、かえってバカにされたと思って怒るでしょう。不軽菩薩は、まだ求法者の立場です。なのに、まるで仏のように人々の未来成仏を予言して回る。いったい何様のつもりだ、となって当然です。案の定、拝まれた僧俗は、不軽菩薩に対して瓦の石を投げつけたり、杖の棒で打ち叩いたりして追い払おうとした。その度に、不軽菩薩はうまく攻撃をかわし、今度は遠くから大声で「あなた方を決して軽んじません」と叫んだと言います。

この話は、やはり「すべてを生かす力」を暗示するように思うのです。ことに、不軽菩薩が、邪《よこしま》な信仰を持つと見なした人たちに最高の尊厳性を認めた点は特筆すべきでしょう。人間存在に対する尊敬と寛容は、まことに徹底しています。教義を説く代わりに人間を尊敬して歩いた不軽菩薩の実践は、仏教の人間主義的な本質を露わにしています。私たちは、そこに『法華経』の超宗教的、超宗派的なメッセージを感じずにはいられません。

しかしながら『法華経』の批判者たちは、この経典が逆に排他的であるとも言います。たしかに『法華経』には、そうした一面も見られます。まず方便品に、釈尊の説法は聞きたくないと言って五千人が勝手に退席して帰ってしまう、という場面が出てくる。この五千人に対し、釈尊は、むしろ帰れと、彼らは衆中のカス（糟糠）だと、非常に厳しい言葉を述べています。また譬喩品では、『法華経』を誹謗したり『法華経』の信仰者に恨みを示したりする人が、死んだ後に阿鼻地獄に堕ち、長く苦しみ続けるだろう、と断罪されています。これと似たような表現が『法華経』の他の品にも見られます。

要するに『法華経』という経典は、「人」の存在にはどこまでも寛容である反面、真理（法）による裁きという面も殊更に強調するのです。なぜ真理の面で厳しいのか。それは、すべてを生かす真理を守ることを、あらゆる寛容の根本と見るからでしょう。また真理に頑強に反対する者を裁くことで、反対者をも生かそうとするからでしょう。反対者を裁くと、真理の内容がはっきりしてきます。反対者が深く反省するなら、真理の正しさもはっきりする。これが、反対者を生かす、ということです。結局、真理を守り抜くことが、すべてを生かす道なのです。ゆえに「法」については、どこまでも厳格にならざるをえない。私自身は、そのように考えています。

ただし、「生かす力」としての排他性は、必ず慈悲に根ざした排他性たるべきです。五千人の退席者に対する釈尊の厳しい態度も、根底的には彼らを含めて一切衆生を救うための慈悲の行為であったと考えられます。『法華経』では、この経を誹謗して地獄に堕ちた者も、最終的には仏に再会して悟りの道に進むことが厳然と説き示されているのです。かの不軽菩薩を軽んじて迫害した人々は、千劫もの長い間、阿鼻地獄で大苦悩を受けますが、後に再び不軽菩薩の教化に浴し、『法華経』の会座には釈尊の説法を聞く菩薩や僧俗男女として現われます。常不軽菩薩品における釈尊は、最終的にそう明かしています。

以上、『法華経』がすべてを生かす経典であることを確認しましたが、今日は少しばかり、創価学会の法華経思想にも言及いたします。今、世界で最大の法華経信仰の団体が創価学会です。現実社会への影響力の大きさを考えても、創価学会の存在を無視して『法華経』の社会哲学を語ることはできません。私が思うに、仏教の「すべてを生かす力」を、創価学会では宇宙の一大生命としてとらえています。同会の指導者である池田大作ＳＧＩ（創価学会インターナショナル）会長の著書の中に『法華経の智慧』（聖教新聞社刊）と題する鼎談集がありますが、その第一巻にこう述べられています。

変化をしていく、流れていくように感じられる大もとのもの……流れているものでもなければ、止まっているのでもない……無限の「大宇宙」でもあり、同時に無数の生命体イコール「小宇宙」でもある、ひとつの実在。ダイナミックに変転し続けながら、しかも永遠常住である巨大な生命。この宇宙生命ともいうべき厳たる実在を「仏」ともいい「妙法」ともいう。

変化の大元、すなわち森羅万象の根源は宇宙生命であると見るわけです。創価学会が生命、生命と唱えるのは、大正時代に生命主義が流行ったから、その影響を受けているのではないか、とよく言われます。けれども、そういった歴史的な背景とは別に、「すべてを生かす」という『法華経』の哲学からも「生命」という考え方には行き着くはずです。

創価学会の「創価」という言葉――「価値創造」という意味ですが――は、考えてみれば

「すべてを生かす力」の異名とも言えるでしょう。キリスト教で説くような「無からの創造」ではなくして、万物の価値を引き出すことが「価値創造」ですから、これはもう「すべてを生かす力」にピタリと該当するのです。「創価」とは、昭和初期に牧口常三郎初代会長が日蓮仏教に帰依した頃、実社会と連結した教育理論のキーワードとして唱え始めたのですが、不思議にも『法華経』の教えと合致していたわけです。

余談ですが、人間の尊厳は「すべてを生かす力」を行使できること、価値創造性にあると、私は考えています。人間が動物と違った尊厳性を持つのは、一般的には理性があるからだとされます。私はそれに反対しません。けれども、もっと言うならば、人間は理性を使って何かの価値を創造し、それをどんどん発展させていく能力にこそ長けているのではないでしょうか。あえてウソをついて人を救ったり、失敗を成功の糧にしたり、といった身近な例をとってみても、われわれには理性を超えた自由な創造性があると考えられます。人間は、理性的な動物というより創造的な動物です。創造性のうちに理性を使うような動物です。

そもそも理性の根源は創造性に他なりません。仏教的に見れば、この創造性が「すべてを生かす力」であり、すなわち智慧なのです。理性も、そこから発現してきたものです。したがって理性自体が環境破壊的だとか、理性中心主義が現代文明の閉塞を生んだとかいうよりも、人間が理性の根源にある生き生きとした創造性、智慧を喪失した、そこに根本的な問題があると思われます。だったら智慧という源に戻って、非合理的なものを排除しすぎる近代的理性をすべてを生かす理性にしていけばよい。これが、現代文明の病に対する仏教的な診断でしょう。

3 「諸法実相」——生かされ生かしあう調和

さて、次に『法華経』のキーワード、様々なキーワードが考えられますが、それらの中でも根本的な原理を示すものを選んで論じていきたいと思います。まず、方便品に出てくる「諸法実相」です。私は、これを現代的に「生かされ生かしあう調和」と表現してみました。方便品に「また説くべからず。所以はいかん。仏の成就せる所は、第一の希有《けう》なる難解の法にして、ただ唯、仏と仏とのみ、乃ち《すなわ》能く《よ》諸法の実相を究め尽せばなり」とあります。仏が成就したのは第一に難解な法であって説くこともできず、ただ仏と仏とだけが、すべての現象（諸法）のありのままの姿（実相）を究め尽くしている。そのような意味です。注目すべき点は二つあります。一つは仏教が現象のあり方を徹底的に探究する点であり、もう一つはその真実を仏のみが知る第一に難解な真理とする点です。要するに、この方便品の文は、現象のあり方に不可思議な究極の真理がある、と説いていることになります。

西洋の哲学は、目の前の現象から本質的な何かを抽出しようとする傾向にあります。しかし、『法華経』では、現象のあり方自体が究極の真理であると言う。方便品の他の箇所には「これは法の住・法の位にして　世間の相も常住なり」――法の存続と法の必然的なあり方ゆえに、世間の姿は常住不変である――ともあって、やはり諸法の実相は真理なりとの意を示しています。別な表現をすると、現象が即ち実在であるとか、差別が即ち平等であるとか、そうした見方にもなるでしょう。現象の背後にある永遠不変の本性、イデア、カントの言う「物自体」、そういったものを探ろうとした西洋哲学とは、じつに対照的なのです。

今、差別が即ち平等である、と言いましたが、『法華経』の薬草喩品の中に、こういう言葉があります。いわゆる「三草二木の譬え」の中の一節です。

仏の説く所の法は　譬えば大雲の　一味の雨をもって　人の華を潤して　各、実《み》を成ずることを得せしむるが如し。

雨は、大きな雲から平等に地に降りそそぐ。地上には大きな木や小さな木、色とりどりの草木があって、受けとる雨の量も効用も様々である。ただし、多種多様な草木と言っても、同じ大地で平等の雨を受けて成長したものである。これと同じように、仏の教えは本来一つであるが、各人の能力や欲求によって受けとり方が違ってくる。実践派の人は規範を求めるし、知性派の人は理解を求めるし、世を厭う人もいれば、世の中の本当のあり方を知りたい人もいる。だから仏は、人々の能力や欲求に合わせて種々の教えを説いたが、本当は一つの真理を平等に教えているのだ。そういった話です。

『法華経』では、声聞・縁覚・菩薩の三乗を開いて一仏乗を現わす「開三顕一」が説かれます。菩薩のみならず、声聞も、縁覚も、本来は一仏乗を修行する菩薩であると明かすのです。そうした平等観を説明する譬喩の一つが三草二木の譬えですから、差別の姿が即ち平等であると、ストレートに主張されているわけではありません。

しかし、『法華経』の真理を探究した中国の天台智顗《ちぎ》は、『法華文句』の薬草喩品注釈の中で「差別は即ち無差別、無差別は即ち差別なるを、如来亦《また》能《よ》く知りたまふ」（『国訳一切経』経疏部二）と述べています。仏が知る無差別すなわち平等を、差別に即した平等とするのです。この智顗のごとく、譬えの背景にある諸法実相の世界観まで徹見していくなら、同一の法雨によって「人の華」がそれぞれの果実を実らせるという比喩的な描写は、差異を生かした平等な世界を示しているとも言えます。

私たちは、『法華経』の平等観が差異を生かそうとする点を知るべきでしょう。『法華経』の様々な譬喩を読むと、高貴な出自を知らない男、自分の宝に気づかない貧者、本心を失った子供たち等が登場します。皆、本来の自分を忘れたがゆえに不幸な生き方をする人々の譬えです。仏は、そうした人々を平等に哀れみ、彼らが本来持っている無上の尊厳性を教えようとします。人が本来のあり方に立ち戻ることは、その個性が真に開花することに他なりません。万人を本来の自分に目覚めさせようとする『法華経』――その根底には諸法実相の哲学があります。この哲学が差別即平等の視点を育み、差異を生かす平等という考え方にもつながるわけです。

　もっとも、平等の側から差別を論ずるばかりでは、差別と平等の相即性が失われかねません。平等が差別を生かし、差別が平等を生かす。それが『法華経』の世界です。ゆえに私たちは、差別が平等を生かす面をも考慮しなければなりません。差別が平等を生かす、とは、差異ある存在の私たち一人一人が平等の真理を使う主体者である、ということです。私たちは、平等の真理によって生かされるだけでなく、平等の真理を生かす主体者でもある。すなわち、人間は真理の主でもある。ここが『法華経』の人間観の古今独歩たるゆえんでしょう。法師品の中に、次のような教説が見られます。

　若し善男子、善女人にして、法華経の、乃至《ないし》、一句を受持し、読・誦し、解説し、書写して……この人は、これ大菩薩にして、阿耨多羅三藐三菩提《あのくたらさんみゃくさんぼだい》を成就するも、衆生を哀愍《あいみん》するをもって、願って、此の間に生れ、広く、妙法華経を演《の》べ分別するなり。何に況《いわ》んや、尽くして能《よ》く受持し、種種に供養する者をや。薬王よ、当に知るべし、この人は自ら清浄なる業《ごう》の報を捨てて、わが滅度の後において、衆生を愍《あわれ》むが故に、悪世に生れて、広く、この経を演ぶるなり。

『法華経』の一句でも受持して修行する男女は、じつは大菩薩であって、すでに最高の悟りを得ている。にもかかわらず、この人は民衆を憐れむあまり、自ら願ってこの苦しみの世に生まれ、『法華経』の真理を説き広める。『法華経』の全体を尽くして受持し、様々に供養する者は、なおさらである。この人は、進んで清浄な行為による善き報いを放棄し、民衆を憐れむことから仏の滅後の悪世に生まれ、広く『法華経』の真理を説くのである――。こうした考え方に立てば、種々雑多な私たちの境遇は、それぞれが主体的に選びとった結果と見なされます。そして、各々の差異によって一切平等の『法華経』の真理を世に立て、広め、民衆を救うべきだとなるでしょう。

まさに、これは「差別が平等を生かす」ことです。個性を持った人間が、普遍的な真理の主人として自由自在に振る舞う姿です。『法華経』が示す平等の真理は、現実の差異によってのみ表現されるのです。『法華経』の説法の座に登場する妙音菩薩や観世音菩薩は、仏、声聞《しょうもん》、辟支仏《びゃくしぶつ》（縁覚）、王、将軍、長者、居士、婦女等々に身を変じ、広く人々のために法を説くとされます。多様な個性によって平等の真理を世に輝かせていくことを、『法華経』は教えているのです。

世の中には深淵な哲学思想が多々ありますが、だいたい絶対的な何かに「生かされている」自分を知ることで思考を停止させています。無限に自由な思考で、絶対者に「生かされている」だけでなく絶対者を「生かしている」自分をも発見したのは、大乗仏教だけではないでしょうか。

真理に生かされる人間の個性は静的な輝きを放ちます。真理を生かす人間の個性は動的な力に満ちています。前者は静的な調和を、後者は動的な調和を、造り出すでしょう。『法華経』は両面を説いている。自由自在な無数の個性が真理に生かされながら真理を生かしている世界、静と動、明と暗とが絶妙の調和を織りなし、それぞれの個性が柔らかに躍動しつつ調和する世界、これを『法華経』は志向するわけです。

近代の日本に生きた、詩人で童話作家の宮沢賢治は、熱心な『法華経』の信奉者だったことが知られています。彼の『春と修羅』という詩集の「序」に、次の一節があります。

すべてがわたくしの中のみんなであるやうに　みんなのおのおののなかのすべてです

から。

（『宮澤賢治全集1』ちくま文庫）

真理に生かされ真理を生かす人間たちの世界は、「私」と「あなた」とが互いに生かされ生かしあう世界とも言えます。真理に生かされる「私」は、真理を生かす「あなた」の主体性のうちに包まれ、「あなた」によって生かされている。と同時に、真理を生かす「私」は、真理に生かされる「あなた」を主体的に包み、「あなた」を生かしている。個と個とが互いに生かされ生かしあう関係にあるのが、法華経的な調和の世界です。「わたくしの中のみんな」「みんなのおのおののなかのすべて」といった賢治の記述は、そのような、個と個とが生かされ生かしあう調和の世界を描写したのでしょう。

賢治は「一念三千」の思想から影響を受けています。一念三千とは、『法華経』の教義の核心を中国の智顗《ちぎ》がそう表現したもので、「私」の微細な一念に三千世界のすべて、宇宙のすべてを具えるとする教えです。宇宙的な個人と個人とであれば、互いに生かされ生かしつつ、絶妙に調和するでしょう。先の賢治の詩は、それを文学的に表現したものと考えられます。

真理に生かされ真理を生かす人間どうしの世界は、個と個とが互いに生かされ生かしあう世界である。説明しがたい法華経的な諸法実相の世界を、私は「生かされ生かしあう調和」

と約言する次第です。

諸法実相の世界について、現代的に説明してみました。今度は、そこから導かれる社会のあり方について考えていきましょう。私は、次の三点を提示したいと思います。

（1）差異を生かすことの平等

一つは「差異を生かすことの平等」です。現実の差異をただ肯定するのではなく、かと言って否定的にしか見ないのでもなく、あらゆる差異を円満に生かすことが社会的にも平等であるとする。これが差別即平等の本当の姿です。仏教における「差別《しゃべつ》」は「差異」を意味します。『法華経』の諸法実相は、「差異を生かすことの平等」という新たな社会原理を、われわれに提供できるでしょう。

とは言え、戦前の日本の仏教者の中には「仏教から見ると差別はそのまま平等なのだから、いかなる社会的な差別もあきらめよ、納得せよ」などと説く者もいました。現実の差別を丸呑みする論理として差別即平等を持ち出したのです。「差異（difference）」を意味する仏教語の「差別《しゃべつ》」が、いつのまにか社会的な「差別（discrimination）」にすり替えられた感もあります。彼らが行った差別即平等の主張は、社会的な差別の正当化にすぎませんでした。

そういうわけで差別即平等と言うと、どうも評判が悪いのですが、すでに述べたとおり、これは本来、差別（差異）を生かすことの平等と言うべきです。社会的差別を無批判に正当化するような差別即平等論は、仏教者の根本的な行動原理を忘れています。その行動原理とは「慈悲」です。慈悲の心があれば、むしろ他者の差異を尊重し、生かす方向に進まざるをえないでしょう。本当の慈悲に生きている人は、自分と他人とを分け隔てない心を持ち、どんな人でも自分自身を愛するように愛し、何とか生かそうと努めます。だから、冷酷な社会的差別を決して認めませんし、押しつけの平等にも賛成しません。慈悲に根ざした差異と平等のあり方は、「差異を生かすことの平等」しかないように思います。そこにおいては、各々の差異を十分に生かすことが、そのまま一切の平等にあたるのです。池田会長は、かつて次のように主張していました。

人間の生命に本来そなわった差別も、そのまま生かされるべきである。人間一人一人、かけがえのない、尊厳なる生命の当体であり、その個性が最高に生かされるところに、真の自由があり、平等があるのではあるまいか。

（『御義口伝講義』聖教新聞社）

社会的に作られた差別ではなく個々人が本来持っている差別、すなわち個性的な差異は、生かされることによってのみ平等に遇される。そういう意味でしょうか。各人が個性や境遇を輝かせていける社会が、仏教者の理想です。実際に社会を変えようとする際にも、すべての根底に慈悲を置き、「差異を生かすことの平等」の実現がはかられるべきだと、私は思います。その大前提として、人権論的に差異を生かす権利の平等が保証されねばならないでしょう。社会的な差別の固定化は、ここに否定されます。差異の活性化を重んじ、差別の固定化は否定するのが、仏教的な慈悲の社会のあり方です。

なお、慈悲と言うと、何やら現実離れした聖人君子の振舞いのようにも聞こえますが、慈悲は諸法の実相に他ならないと、私は考えています。私たちは本来、他のすべての存在と一緒に依存しあって生きており、そこに立ち帰れば自然と慈悲の振舞いになってきます。仲間と一緒に仕事をするのも、家庭生活を営むのも、年をとったら死ぬことも、すべては本質的に慈悲の振舞にあたります。一切の現象のありのままの姿は慈悲です。慈悲が諸法の実相なのです。

では、なぜ世の中にかくも悲惨や不幸が多いのか。それは恐らく、あらゆる生物がその本来性を忘れ、自己中心的に生きる傾向にあるからでしょう。せめて人間ぐらいは慈悲を中心に生きるべきですが、何も特別な修養が必要になるわけではなく、本来の自分に戻ればよいのです。ただ、常に本来の自分でいることはなかなか難しいので、究極的には自己自身を悟るための信仰が求められるとも言えるでしょう。

(2) 現実を生かす理想主義

第二の点に移ります。「差異を生かすことの平等」は、同時に「現実を生かす理想主義」でなくてはならないと思います。差異とは私たちの現実であり、一切平等の実現は終わりのない理想だからです。

国際社会に目を向けると、様々な国情、様々な社会制度があります。そうした現実の差異を無視して、超大国が自分の理想を他の国々に杓子定規に押しつけると、深刻な軋轢《あつれき》が生じてしまう。そうではなく、各国の現状を生かしつつ調和と繁栄の方向へと誘導していく。そこに現れる個性のきらめきにこそ普遍的な理想がある。こう考えるのが、法華経的な理想主義、すなわち現実を生かす理想主義です。

現実を生かす理想主義は、あらゆる現象の実の姿が一なる真理である、と説く諸法実相の考え方に基づいています。また真理の主は人間ですから、現実を生かす理想主義は、人間がすべての現実を生かす、ということでなくてはならない。現実を生かす主体は、真理の主たる人間です。

現在、アメリカ型の民主主義をどこの国にも押しつけるのは一種の文化帝国主義だ、といった批判の声をしばしば聞きます。たとえば、中国には一三億人以上もの人がいて、そこに欧米型の民主主義を持ち込んでも機能しないのではないかと言われている。賢明な人なら、中国固有の現実を考慮せざるをえない状況でしょう。

ここでは、『法華経』の社会哲学が最も効力を発揮します。「平等な自由」などという抽象的な理想を大上段から振りかざさず、真理の主たる人間が、社会主義であれ、君主制であれ、自由主義経済であれ、福祉経済であれ、現実に合わせて巧みに使い分ける。真理の主たる人間は、理想への忠誠から生ずる堅い主体性でなくして、いかなる理想にも縛られない柔らかな主体性を行使します。この柔らかな主体性が、すべてを自在に使いこなしながら現実を生かし、一切平等の理想を徐々に社会全体へと波及させていくのです。

法華経的な理想主義は、したがって漸進的な形態をとると考えられます。池田会長が、かつてイギリスの歴史家のＡ・トインビーと対談した折に語った言葉を紹介しましょう。

いかなる政治体制をとるべきかについては、私はその国の民族性、教育水準、国際的条件、経済的発展段階などとの関係において、その国に最も適した体制をとるのが正しいと思っています……ただし……知的にも経済的にも、国民生活が高い水準に達した場合、どのような体制が最も理想となるか……まず、現在のところ、民主主義が最も理想に近いとされる点では、だいたい、衆目は一致していると思います。
（『池田大作全集』第三巻、聖教新聞社）

民主主義は、「すべてを生かす」という仏教上の理念から言っても、現時点で最も望ましい政治体制だろう。だが、われわれはそれを世界中で押しつけるのではなく、各国の国情に最も適した政治体制を主体的に選択していくべきだ。こうした意見が、一九七〇年代の初め頃、池田会長から出されていたのです。

(3) 民衆が体制の主人になる

さらに言うと、『法華経』の哲学を奉ずる池田会長には、民衆は政治体制にしたがう立場ではなく、反対に体制を使う主人なのだ、との強い信念があります。池田会長はトインビーに対し、

もちろん、どんな体制でも同じだとは私も考えませんが、最も大事なことは、最大多数の人間がどこまでも主導権をもって、体制を従えさせようとする立場を見失わないことではないでしょうか。
（『池田大作全集』第三巻）

とも語っています。民衆は政治体制をしたがえる立場にある、民衆が体制の主人になるべきである、と訴えているのです。『法華経』が示すように、万人に成仏の可能性があるとすれば、真理の主たる人間は一握りの宗教家や英傑にかぎられません。真理の主への道は、民衆全体に開かれていなければならない。否、万物が生かされ生かしあう世界にいるのならば、全民衆が、すでに今のままで「すべてに生かされる」と同時に「すべてを生かす」主体でもあり、真理に生かされると同時に真理の主でもあり、当然のごとく政治体制の主人でもあるはずだ。『法華経』の社会哲学では、こうとらえるのです。

そしてこの見解は、一般的な生活の道理にも適っているように見えます。社会主義にせよ、資本主義にせよ、私たちの社会は、一度ルールや体制を定めた以上は皆がそれにしたがうという約束の下に成り立っている。ルールの順守は社会の安定に欠かせない。けれども根本のあり方に立ち返ると、ルールを定め、使おうとする主体は、われわれ人間に他なりません。元々は人間による人間のためのルールであって、ルールのために人間があるわけではない。この当たり前の原点を、私たちは忘れてはならないのです。そこに気づかせてくれるのが、「すべてを生かす」主体としての人間の尊厳を説く『法華経』であり、また池田会長のような『法華経』の実践者からの智慧の声ではないでしょうか。

「すべてを生かす力」に目覚めた民衆は、「社会主義か、資本主義か」といったイデオロギーの選択で論争するよりも、あらゆるイデオロギーの長所を生かして使うような能動性を発揮するでしょう。するとそこでは、すべてを生かしていこうという智慧の働き自体が社会正義になるだろう、と私は考えます。民衆のために理想の政治体制を作ることは大事ですが、それ以上に、智慧の民衆が常に政治体制をしたがえていることの方がより理想的です。だから私たちも、本当はそこに社会正義の実質を求めるべきだと思うのです。

4 「久遠実成」——人間という完成

時間がないので先に進みましょう。次に挙げたい『法華経』のキーワードは、如来寿量品に出てくる「久遠実成」という言葉です。私は、この言葉の現代的な意味を「人間という完成」と解しました。

寿量品では、仏の命が永遠であることが示されます。

われ（釈尊）は実に成仏してより已来《このかた》、無量無辺百千万億那由他劫なり。譬えば、五百千万億那由他阿僧祇の三千大千世界を、仮使《たとい》、人ありて抹《す》りて微塵となし、東方五百千万億那由他阿僧祇の国を過ぎて、乃《すなわ》ち一塵を下し、かくの如く、東に行きて、この微塵を尽くさんが如き、諸《もろもろ》の善男子よ、意においていかん。この諸の世界は、思惟し校計《かんがえはか》りて、その数を知ることを得べしや、不《いな》や……これに過ぎたること……。

われは、常にこの娑婆世界にありて、法を説いて教化し、亦《また》、余処の百千万億那由他阿僧祇の国においても、衆生を導き利せり。

われは、成仏して已来《このかた》、甚大久遠なり。寿命は無量阿僧祇劫にして、常に住して滅せざるなり。

釈尊が成仏したのは「無量無辺百千万億那由他劫」の昔とされています。「那由他」「劫」は、いずれも計算できないほど無限の数を示す言葉です。釈尊は無限の昔に仏となって以来、常にこの娑婆世界や他の無数の世界において法を説き、人々を教化してきた、と寿量品に宣言されたのです。

三つの引用文のうち、最初の文は、釈尊が仏になった過去がどれほど昔なのかを比喩的に説明したものです。平たく言うと、こうなるでしょう。数えられないほどの世界（五百千万億那由他阿僧祇の三千大千世界）の大地を粉々にして、その塵のような無量の微粒子を、東にある数え切れないほどの国（東方五百千万億那由他阿僧祇の国）を通過した地点に一粒だけ落とし、また同じ数の国を通過した地点に一粒落とし、というぐあいに東に進んでいって、ついに無量の微粒子が全部無くなるまでの時間の数、じつはそれより遥か昔に仏になったと述べられている。要するにこれは、仏の生命の永遠を示したに他なりません。釈尊自身、この文の最後で「これらの世界の数を、推測や比較や計算によって、知ることができるだろうか（この諸の世界は、思惟し校計《かんがえはか》りて、その数を知ることを得べしや、不《いな》や）」と弟子たちに問いかけ、弥勒菩薩等は「世尊よ、これらの世界の数は無数であって計算できず、心の及ぶ範囲を超えています（この諸の世界は無量無辺にして、算数の知る所に非ず、亦、心力の及ぶ所にも非ず）」と答えているのです。

釈尊は、もとより永遠の仏であった。ならば、これから仏になろうとする私たちも、じつは元々永遠の仏だったということでなければなりません。成仏とは、自分が永遠の仏であると気づくことにある。また普遍的に、人間はすでに一つの完成であると知ることである。そう言っても、過言ではないと思います。『法華経の智慧』では、寿量品の「永遠の仏」の思想から得られる知見として「『自分は永遠の昔から仏であり、永遠の未来まで仏である』という真理、この真理を万人にわかりやすく説かんとしたのが、『法華経』である」と述べられています。「自分は永遠の昔から仏であり、永遠の未来まで仏である」「人間はすでに完成している」――この真理に、気づけば仏、気づかなければ迷いの衆生なのです。

日常的に身心を統御しながら、段階的に仏の境地を目指す。悟りの世界に直参する瞑想に明け暮れる。あるいは、死んで極楽浄土に行ってから修行すべしとする。仏道修行にかんする考え方は様々です。法華経的には、「人間という完成」を知るために今、修行すべきだ、となるでしょう。

（1）「とり戻す自由」と「ここにある自由」

『法華経』の寿量品は「人間という完成」の真理を内包していることが、明らかになりました。これを社会哲学的にとらえ直すと、何か新しい考えが生まれるでしょうか。大変に難しい問いですが、試みに「自由」の問題をとり上げてみましょう。

仏教が理想とする自由は、何らかの原理に基づく自由ではありません。むしろ、どんな原理原則にも縛られない無限の能動性、融通無碍なる仏の生命が、仏教の自由と言える。しかも、この仏教の自由（＝仏の生命）は特別な境地というより私たちの永遠の本性である、と『法華経』では示唆しています。すると、自由とは獲得するものではなくて、元々私たちの存在と不可分にあるものだという話になる。いつでも、どこでも、いかなる状況にあろうと、私たちは元々自由である。だから私たちは常に自由である。こうした新たな自由の観念が生ずるでしょう。

そこで私は、「『法華経』の社会哲学ならば、西洋近代の『とり戻す自由』に加えて『ここにある自由』をも唱えるであろう」と主張したい。なぜ「置き換える」でなくて「加える」なのか。それは、仏教の自由が原理に縛られないからです。何の原理も持たない仏教の自由は、西洋近代の自由にとって代わろうとはしません。仏教の原理なき自由が、特定の原理を持った西洋近代の自由にとって代わるとすれば、それ自身が一つの立場として原理を持たねばならず、自己矛盾に陥ります。また、原理なき立場から原理を持つ西洋近代を排撃する、という理屈も成り立ちません。なぜなら、その場合は「原理を持たない」ことが一つの原理になっているからです。仏教の融通無碍の自由は、どうにも理解しがたいし、完全な定義もできません。これを社会哲学の領域に引き込むには、よほどの注意が必要です。

それはともかく、『法華経』の社会哲学は「ここにある自由」という新たな観念を私たちに提示してくれます。西洋近代に登場した啓蒙主義の社会思想家たちの中で、現代から見てとりわけ重要な人物と思われるJ・ロックやJ・J・ルソーは、原則的に「とり戻す自由」を主張したと言えます。人間が社会を作る前、いわゆる「自然状態」においては皆が自由であった。ところが社会ができてから、その自由が奪われた。悪い社会制度によって、あるいは横暴な為政者によって、人民が生来持つはずの自由が非常に損なわれた。だから、合理的な社会契約を結び直し、われわれの自由をとり戻そうじゃないか。粗雑な説明の仕方ですが、私の目には西洋近代の基本的な自由観がそう映ります。

ルソーの『社会契約論』の冒頭あたりに「人間は、自由なものとして生まれた。しかもいたるところで鎖に繋がれている」（桑原武夫他訳、岩波文庫）とあります。また、ロックは『市民政府論』の中で「私を奴隷にしようと試みる者は、これによって自分を私と戦争状態に置く」（鵜飼信成訳、岩波文庫）と述べている。自由とはとり戻すもの、血を流しても守り抜くもの――こうした考えは、近代の自由観を根底で支配しています。

むろん、評価すべき面も多々ありますが、そこには支配階級に対する憎しみがともないます。近代ヨーロッパの市民革命やプロレタリア革命等を、頭から否定するつもりはありません。しかし、多くの血を流して得られるような自由が、はたして真の人間開放にあたるのか。社会の進歩に貢献はしたかもしれないが、何かが決定的に足りないのではないか。私は常々、そう感じていました。

永遠の仏を通して「人間という完成」を教える『法華経』は、近代的な自由論とは違って、私たちを「ここにある自由」の世界へと導きます。「私は、どんな状態でも完全に自由である」と考えるのが、法華経的な人間です。

『法華経』の実践者として、日本で一番有名な人は日蓮でしょう。この日蓮は「我等は穢土《えど》に候へども心は霊山に住《すむ》べし」（『千日尼御前御返事』）と述べている。日蓮が晩年の日々を過ごしたのは、人里遠く離れ、冬は身を切られるほど寒く、ろくな食べ物もない身延山でした。それでも日蓮は、自分は仏の霊山にいるような楽しみを味わっているのだと言う。強がりに聞こえるかもしれませんが、『法華経』の自由観から言えば、束縛だらけの生活の中で「ここにある自由」を満喫する姿と言えるでしょう。

無限に自由な人間は、環境を自由に支配しようとする一方で、どうにもならない環境を前にしてもなお自由です。なぜならば、あらゆる環境を楽しめる自由を持っているからです。人間の自由は、とり戻すものであるとともに、今、ここにもあるのだ——。『法華経』を読み込むほどに、私はその感を深くしています。

（2）「対立する自由」と「生かす自由」

それから、法華経的な自由は基本的に、不自由と対立する自由ではありません。とはいえ、不自由との対立を避ける自由でもない。そうした対立を離れつつ、対立を自在に操り、不自由をも生かしていける自由、端的に言うと「生かす自由」なのです。仏教の自由観の根底には「すべてを生かす力」への信仰がある。法華経的な「ここにある自由」は「生かす自由」

でもあります。それは、いかなる原理原則にも縛られず、すべてを生かそうとする、どこまでも能動的な柔らかさのことです。

社会は、私たちに大なり小なり不自由を強いるものです。が、生かす自由を持った人は、常に社会の現実を柔らかく受け止めながらその本来性を引き出し、全市民の幸福のための共生社会を作ろうとします。どうしても社会との対立が避けられない場合でも、その対立をより高次の共生社会の実現のために生かします。法華経的な自由には、行き詰まりのない、柔軟な力強さがあるのです。

かくして『法華経』の社会哲学は、一般的な「対立する自由」の基盤に「生かす自由」を置こうとするでしょう。一般に、自由は不自由と対立する概念です。だが、そのような自由は非常に脆《もろ》い。何かができる自由があると言っても、そうする能力がなくなれば終わりです。たとえば、今の私たちは、世界中のどこへでも飛行機に乗って短時間のうちに移動できる。これはもう、近代以前の人間が味わえなかった自由です。国内の旅行すら制限されていた江戸時代の民衆から見たら、信じられないような自由でしょう。けれども、それほどの自由を持った私が、もし重い心臓病に倒れたら、旅行に行こうにも、まず飛行機に乗れなくなります。今時、悠長に船で海外に行く余裕などないから、実際には海外旅行の自由がなくなるわけです。つまり、近代以前の日本の民衆と同じです。そのように、私たちが考えている自由には、能力が無くなれば消えてしまう一面があります。

現代では、A・センという高名な経済学者が、潜在能力（capability）としての自由を問題化して、すべての人が基本的な自由の能力を持てる社会を作るべきだと唱えています。非常にすばらしい考えではないかと、私も思います。しかしながら、それでもやはり、今、私が述べたような運命的な問題は残ると言わねばなりません。たとえ自由の能力を奪われた人でも、自由を味わうことはできないのか。いかなる運命にも左右されない人間の自由はないのか。そうした自由には、どうしても宗教的な何かが関与せざるをえないでしょう。

仏教では、不自由とも折りあっていける自由を説きます。「ここにある自由」であり、不自由を「生かす自由」です。不自由を生かせば、不自由の本来性が、つまり自由と相互依存し、自由と調和する不自由が現れます。実例を通して説明した方が、わかりやすいかもしれません。

私は今回、初めてこの地（福島県いわき市）を訪れました。真夏の季節なのに、こちらは涼しいので、びっくりしました。東京では連日の熱帯夜です。もう暑くて仕方がないのですが、酒飲みにとっては逆に楽しい季節でもあります。暑さを生かす智慧を持った、ビール愛好者がいるのです。そうした人は、日中、できるだけ水分をとらずに我慢《がまん》をする。喉《のど》が渇いても、耐えに耐える。そして夕方、会社の帰りにビア・ガーデンに駆け込み、生ビールの大ジョッキをグイッといく。喉が渇いていた分だけ、その爽快感はたまらない、自分はこのために生きている、とまで言う人がいます。

水も飲まずに我慢する、というのは、それだけとって見れば、不自由な状態でしょう。けれども、後でビールをおいしく飲むための不自由だとすると、その不自由自体が一つの楽しみになる。我慢しているプロセスもまた楽しい。だから、不自由なのに自由な選択と同じ意味を持つようになる。適当な例かどうかわかりませんが、不自由を生かす自由というのは、そのようにも考えられます。大乗仏教では、これを「煩悩即菩提《ぼんのうそくぼだい》」と言います。悩み（煩悩）がそのまま悟り（菩提）への力となるのです。

ここで一つのポイントとなるのは、不自由を楽しんでいける人間の「活力」でしょう。活力が大きければ、大なる不自由をも楽しみ、生かすことができる。この活力の大きさの究極が「すべてを生かす力」であり、仏とは、その力の体現者に他ならないのです。

仏は、死という人生最大の不自由すら生かします。寿量品に「衆生を度《すく》わんがための故に方便して涅槃を現わす」とある。仏がいつまでも生きていたら、衆生が仏を渇仰し、仏道を求める心が減退してしまう。ゆえに仏は、死ぬ（涅槃を現わす）ことを通じて衆生に求道心を起こさせます。方便としての死です。死さえも衆生救済のために生かす自由自在の境地を、この経文は説いていると言えるでしょう。

5 「智慧」――無限の精神

最後に、『法華経』に説かれる「智慧」の問題に光を当ててみます。私は、今回の講演を行うにあたり、もう一度『法華経』を読み返しました。そこで、あることに気づきました。『法華経』は、一方で仏の智慧が考えられないほど偉大であることを強調しながら、他方ではその偉大な智慧をすべての人々に与えようとします。方便品の冒頭で「諸仏の智慧は、甚だ深くして無量なり。その智慧の門は解し難く入り難くして、一切の声聞《しょうもん》・辟支仏《びゃくしぶつ》の知る能《あた》わざる所なり」と説いて私たちを突き放したかと思えば、譬喩品には「われは、衆生の父なれば、応《まさ》にその苦難を抜き、無量無辺の仏の智慧の楽を与え、それに遊戯《ゆげ》せしむべし」とあって民衆に仏の智慧の楽しみを与えようとしている。要するに、この経典は、人間を超える精神を人間に与えんとするわけです。人間の精神の限界をとり払うこと、人間に無限の精神を与えること――それが『法華経』の願いだと言っても過言ではありません。

仏の智慧は、煩悩を完全に断破した悟りの心であり、論理的規定や概念化が一切できないような精神のあり様です。絶対に規定できないものは、常に規定する側に立つと見るしかありません。つまりは完全な能動性です。自由自在です。仏の智慧とはすべてに自由自在なことです。

このような智慧は、単なる理性でもなければ、単なる感情でもなく、さらに単なる直観でもないでしょう。理性・感情・直観は互いに排除しあう関係にあるので、どれも自由自在とは言えません。自由自在の智慧は、もっと根源的なものと思われます。すなわち、理性・感情・直観を発現せしめる生命全体の自在な力、これを智慧と見るのが最も適切でしょう。

自由自在の智慧はまた、際限なき慈悲の心でもあります。自由自在は、「すべてを生かす力」として存在の世界に現れるからです。生命全体の自在力である智慧は、とりも直さず、すべての存在者の幸福を願う無限の精神なのです。そこには、真実を把握するための透徹した理性、事象の本質を見抜く鋭い直観、一切万物の幸福を願って止まない高貴な感情等々が、すべて兼ね具わっている。高貴な感情は、理性や直観を健全に働かせるでしょう。そして健全な理性や直観がまた、慈悲の感情をさらに高貴にしていく。智慧の人は、自らの諸能力を万物のために調和させゆく、全体的な人間なのです。

私が卒業した創価大学では、校舎の前にブロンズの像が置かれ、そこに創立者である池田会長の言葉が刻まれています。その一つに「英知を磨くは何のため、君よ、それを忘るるな」という言葉がありました。学生時代の私は、これを見ても当たり前の話としか思えなかったのですが、今、こうして色々と考えをめぐらすようになって「ああ、あれは智慧のことを言っていたのだな。単なる学問のための学問とか、興味があるから研究するとか、そういったものではなくて、全人類の幸福のために、生命全体の力である自在な智慧を磨いていってほしい。そういう創立者の願いが込められていたのだな」と思うようになりました。

一般に学問というのは、好奇心や探究心を重視します。人類の幸福など、念頭に置くべきではない。純粋な探究心こそ、創造的な研究にとっては最も大事だ。こういった考え方が、とりわけ自然科学の分野では支配的です。自由な発想は科学の生命線ですから、それもいいでしょう。しかし純粋な探究心も、その根源にある生命全体の自在な力を自覚してこそ健全になり、またそれゆえに一段と力強さを増し、なおかつ必然的に自他の幸福をもたらすことになるのではないか。智慧の立場からは、こう言えます。智慧に目覚めた人は、理性を根源から再生させ、そこに人の温かみや鋭い直観知を加え、全体的な調和の力に仕立て上げます。そして人間の無限の精神を信じながら、人類、全生物、全存在者の幸福のために、飽くなき探究を続けるに違いありません。

(1) 道徳を使う

続いて、智慧に基づく社会のあり方を考えることにしましょう。ここでも三点から論じてみます。

一つは「道徳を使う」ということです。「嘘をつくな」などの普遍的な道徳は、誰しも受け入れるべきである。それは当然だけれども、人間は道徳にしたがうというより道徳を使うべきだ。道徳は、厳粛ではあるが、基本にすぎない。最終的には、各人が自由自在の主体性において道徳的たるべきだ。そう考えるのが、無限の精神たる智慧の立場です。「道徳を使う」と聞いて、すぐ思い浮かぶのは「方便」の思想でしょう。

方便品に「われは智慧の力をもって　衆生の性と欲とを知り　方便して諸の法を説き　皆、歓喜することを得せしむ」とあります。智慧の力によって相手の感情や理解能力に応じた説法を行う、ということです。『法華経』における方便（upāya）は、衆生を悟りに近づかせるための仏の巧みな手段、一時的な方法を意味します。智慧あるゆえに、仏は、真実をそのままではなく、相手の性質や能力に応じて説き示し、次第に衆生を悟りへと誘引していくのです。

これは当然、不道徳な嘘ではありません。衆生を苦しみの世界から救い出すための巧みな手段です。救出の言葉です。教育上の真実であると言ってもよいでしょう。『法華経』の中でも、方便の教えは虚偽でないことが度々強調されています。

カント的な道徳観では、いかなる意味でも嘘は認められません。たとえば、Aという人が、Bに殺されそうな人Cを匿《かくま》っているとします。そこへBが来て、「Cは、ここにいるか？」

とAに聞く。Aは、Cが殺されないように、またBに罪を犯させないためにも「Cは、ここにいません」とBに答える。Aは、Bに向かって、あえて嘘をついた。広い意味で、方便を使ったと言ってもよい。けれどもカント流の厳格主義にしたがうならば、これは正しい行為ではありません。Aは、Cがどうなろうと真実を述べるべきだった。幸福とか不幸とかいったことは、主観的であって普遍性がない。われわれは理性の事実である普遍的な道徳法則を自ら立て、その命令にしたがうべきだ。カント的な考え方はこうです。

ところが、法華経的な考え方に立つと、普遍的な道徳法則にしたがうとともに、それを生かして使うことも重視されます。「普遍／特殊」「主観／客観」の二分法は、自由自在の智慧にとっては本質的な意味を持ちえません。智慧は普遍にして特殊、主観にして客観です。ゆえに智慧の人なら、普遍的な道徳法則にもとらわれず、それを自在に使いこなそうとするでしょう。自由自在の智慧には、特殊に即して普遍を顕す働きもあります。人を救うための嘘などは、まさにこれです。そうした智慧の嘘は、「正直」という普遍的な道徳の本質である誠実さを、一時的な不正直という形で特殊に表明したものと解してよいでしょう。

道徳にしたがう人の誠実さと同じものを、私たちは、道徳を使う人の中にも見出すことができます。智慧から発する方便は、何でも自分に都合よく物事を展開する、いわゆる「ご都合主義」ではありません。それは、非常に主体的な人間の言語活動です。言い換えると、道徳の形式に縛られず、現実に合わせて真実を語ることができる主体なればこその言語表現なのです。私はここに、人間の完全な自由というものを考えたいと思います。ただし、道徳の遵守を基礎に置かない道徳活用主義が反社会的な虚言までも正当化しかねない点などには、よくよく注意しなければなりません。

(2) 運命を生かす

さて、智慧の社会の二番目の特徴は「運命を生かす」ということです。どうしても乗り越えられない運命が、私たちの一人一人にあります。ところが、自由自在の智慧に目覚めた『法華経』の信仰者は自分の運命すら生かそうとする。池田会長は『法華経の智慧』の中で、こう言います。

森羅万象――人生で言えば、生も死も、喜びも悩みも、罰も功徳も、生じる一切の現象、ありとあらゆる姿は、信仰者にとって、すべて妙法の表れであるし、妙法を証明する方便なのです……人生のうえに起こる一切が功徳なのです。

人生の上に起きる一切の出来事は『法華経』の真理の表れであり、またその真理を表すために不可欠な手段、方便である、だからあらゆる運命は人間にとって利益すなわち功徳なのだ、と言うのです。いかなる運命をも前向きにとらえ、感謝し、納得し、楽しみ、仏の世界を広げるために生かそうとする。極めて積極的かつ主体的な仏教者の生き方が、ここに見てとれます。

池田会長はよく、「宿命」を「使命」に変えると言います。『法華経』の五百弟子受記品には「衆に三毒あることを示し、また邪見の相をも現わす　わが弟子は、かくの如く　方便をもって衆生を度《すく》うなり」と説かれています。仏の弟子は自分自身が苦しみ、悩み、あるいは間違いにとらわれた姿をあえて現ずる、それは苦しむ衆生と同じ目線で救済を行うためである、との意がそこには込められています。過酷な運命を自らの使命とし、進んで引き受けるという精神です。

そうなると、すべての苦しみは歓喜に、一切のマイナスが即プラスに、罰が即利益になっていく。運命に縛られている間はただただ苦しいが、運命を生かして使う境地に立つや、一切は自分自身が衆生救済のために願ったものとわかり、一転して深い喜びに包まれるのです。龍樹の作とされる『大智度論』に「変毒為薬」という言葉があります。有能な医師は、毒をも正しく調合して良薬となす。どんな性分、どんな運命の人でも蘇生させ、その個性を光り輝かせるのが仏法の力です。そこでは、かえって過酷な運命に悩む人こそが最高の運命の使い手となれる。「一番、苦しんだ人こそ、一番、幸福になる権利がある」と、池田会長は力説します。

「運命を生かす」という発想に立った社会では、能動的な調和が実現されることでしょう。運命的なものは、社会的な差別や個性的な差異という形で現れます。市民的自由はこれらを拡大する方向に働きますが、一人一人が本当に運命を生かしていけるならば、社会は能動的に調和します。そして各人が遍《あまね》く能動的であるためには、自己実現の機会の平等が保障された方が望ましいので、その社会は結果的に、行き過ぎた差別や差異の拡大には歯止めをかけるでしょう。

また「運命を生かす」人々は、暴力革命をはじめとする過激な反体制運動を、基本的には支持しないように思います。どこまでも「生かす」思考に貫かれた人は、第一に現前する政治体制の改変よりも活用を志向するからです。どんな国や社会にあっても、良き市民としてルールを守り、内側から制度や国民性を変革していく。そうして次第に悪法を善法に、悪風を美風へと変えていく。ここに智慧の人の真価があります。智慧の人々は、いかなる固定的な見解からも自由ですから、どうしても急進主義的な態度が必要で、しかも現実的に成功が見込める局面になれば、思い切った行動をとる場合もあるでしょう。ただ、それとて急進主義への傾斜ではなく、一時的に急進主義を生かすにすぎません。智慧の人々による社会への働きかけは、やはり精神変革主義と漸進主義を基調とするように思われます。

日蓮が、命に及ぶ迫害をものともせず、時の政治権力者に『法華経』の尊重を訴えたのは、宗教による革命を目論《もくろ》んだわけではありません。ひとえに「国をたす（助）けん」「生国の恩をほう（報）ぜん」（『撰時抄』）との思いから、国家の宗教政策の誤りを誡めたのです。だから日蓮自身も、体制内に身を置きつつ宗教的な不服従の態度をとりました。「王地に生れたれば身をば随えられたてまつるやうなりとも心をば随えられたてまつるべからず」（同上）と述べているように、自分を迫害した国家の存在を否定せずに、普遍的な『法華経』の信仰を貫こうとしたのです。

近代の日本で日蓮を信奉した牧口常三郎（創価教育学会の創立者）も、昭和戦時期の日本の軍部政府から宗教弾圧を受け、逮捕、投獄されました。彼は、自分の心境を「一個人から見れば、災難でありますが、国家から見れば、必ず『毒薬変じて薬となる』といふ経文通りと信じて、信仰一心にして居ます」「国法にはどんなにでも服従すると言ふのだから、心配はいらない」（『牧口常三郎全集』第一〇巻、第三文明社）等々と書簡に綴《つづ》り、関係者に送付しています。牧口は日蓮と同じく、国家体制の中で宗教的な不服従を貫きました。最後は覚悟の上で獄死しています。

これらは、いずれも運命を生かし、それゆえに自国を生かす智慧の立場から、進んで身を体制内に置いた姿とは言えないでしょうか。もちろん、二人の心が断じて悪しき権力や法にしたがっていなかったという点は、繰り返し強調しておく必要があります。彼らは、悪国によって生かされていたのではなく、反対に悪国を生かそうとしていた。この「生かす」側の主体性を感じさせるものが「国をたす（助）けん」「国家から見れば、必ず『毒薬変じて薬となる』といふ経文通りと信じて」といった言葉なのです。

（3）希望を捨てない

第三に、智慧の社会は「希望を捨てない」社会です。智慧は無限の精神であって、その力に人間が限界を設けることなどできません。だから、いついかなる場合も智慧の無限性を信じ、理想的な問題解決への努力を止めないことが、智慧の社会の重要な指針となります。

政治哲学の世界では、一九七一年にJ・ロールズが『正義論』を発表して以来、それまで支配的だった功利主義を批判する形でリベラリズムの勢力が台頭し、長らく両者の対立が続いてきました。功利主義は目的論的であると言われます。「最大多数の最大幸福」の実現が功利主義の目的です。そのために少数の犠牲を正当化しがちなのですが、この点は人権の理念に反します。だから、人権の核たる自由を奉ずるリベラリズムの側は功利主義に反発し、いかなる犠牲も拒否しようとする。けれども現実には、少数の犠牲を拒否すると、かえって全体の破滅に通ずる場合があります。結論的には「どっちもどっち」ということで、議論は平行線に終わるわけです。

功利主義的な「犠牲の正当化」と、リベラリズムによる「犠牲の拒否」と、はたしていずれを採るべきか。私には、どちらの側も「智慧」の持つ柔軟性や創造性を軽視した、硬直化した主張に見えます。功利主義にせよ、リベラリズムにせよ、とかく彼らは限られた資源をどう分配するかというテーマを立てたがる。少数の犠牲が避けられない状況をわざと設定し、それを前提に正義を論じようとします。

しかし、なぜ「限られた資源」「避けられない犠牲」を前提に議論を進めなければならないのでしょうか。私たちの能動性の根源にある智慧は、理性を含みつつも、理性を超えています。ですから智慧の人ならば、限定された諸条件の中で理性的な結論を出す一方で、いかなる限定性をも突破すべく懸命に努力を重ねるでしょう。すなわち、智慧を絞って「限られた資源」という前提自体を覆そうと試みるでしょう。

真に智慧ある人は、環境に支配される心を善しとせず、常に環境を支配しようとします。環境を支配すると言っても、慈悲と不可分な智慧によって、別言すると「すべてを生かす力」によって環境を支配するのですから、少なくとも環境破壊的ではないはずです。ともかく、資源の有限性とか、地球の収容力とか、そうしたあらゆる限定性を突破すべく努力を続けること、断じて希望を捨てないこと、それが智慧の立場における社会正義なのです。

ご存じのとおり、今、地球環境の問題が騒がれています。地球の資源、パイは限られている。ならば、一定のパイをいかに正しく、正義の原理に則って人類全体に分配するか。そういったことばかり論じられる嫌いがあります。人類は、もっと智慧の可能性を信ずるべきではないでしょうか。智慧の力を発揮しながら、パイ自体を大きくする努力も大事ではないのでしょうか。

私たちの地球が一〇〇億人しか収容できないとすれば、「いや、一五〇億人、二〇〇億人でも養えるような地球環境を作ろう」と衆知を集めて努力を続ける。これは、じつに現実的な姿であるとも思うのです。最初から自分の能力を限定し、そのあきらめの中で合理的に生活する人など、あまり見かけません。誰しも一度は自分の限界を突破し、未知なる可能性の実現に挑戦しようとするものです。

ところが社会哲学の規範理論では、およそ限定された状況の設定が行われます。非常にペシミスティックであり、何よりも非現実的であるように思われます。現実の社会では皆、よりよく生きるために最大限の努力を惜しまない。そうした人間の実像をとらえた正義の観念でなければ、現実的な意味を持たないでしょう。智慧の正義は、単なる仏教哲学的な見解ではなく、私たちの日常生活に即したものです。そして、実生活に即した正義だからこそ道理に適う。つまり、人々の理性的な共感を呼ぶところもあるのです。

長々と話を続けてしまいました。このあたりで、私が言いたいことをまとめます。『法華経』という経典には「すべてを生かす力」が説かれている。私たちは、この自由自在で慈愛に満ちた力の視点から、従来にはなかった自由・平等・調和・正義の諸観念を構想することができる。以上です。私の拙い話を、もし皆様方の思索の糧にしていただけるならば、嬉しいかぎりです。

質疑応答(1) 「すべてを生かす力」とヒューマニズム

質問 「すべてを生かす力」という考え方が、仏教において、とりわけ『法華経』の中で説かれているということに感銘しました。講演の全体の流れが、この「すべてを生かす力」を根底において展開されている、というのが私の率直な感想です。

そしてこれは、仏教的な人間観といいますか、ヒューマニズムじゃないかと思います。「すべてを生かす力」を、人間が担い手として行使していく。このような考え方は、仏教的なヒューマニズムと言ってよいのか。教えていただければ幸いです。

松岡　「すべてを生かす力」が、仏教的なヒューマニズムを意味するかどうか、ということですが、ご質問の中に私の答えがあるようにも思います。つまり、「人間が担い手として」とおっしゃったところです。私は、仏教の法《ダルマ》を社会思想的に翻訳すると「すべてを生かす力」とは言えないだろうか、と述べました。では、実際に「すべてを生かす力」を担っていくものは何かと言えば、これはやはり智慧に優れた人間であろうと思います。

すべてを生かす。自己を生かし、他者をも生かす。そうした共生の智慧は、動物や植物にも多少はあります。だから、私たちが自然を活用する一方で、逆に自然が人間を活用するという関係もある。人体に微生物が住みついたり、人間の排泄物を自然が利用したり、といったことは、自然が人間を活用する姿でしょう。

大乗仏教が教えるように、万物は互いに生かしあって縁起の世界を織りなしている。私はそう思うのです。しかし、その生かしあう世界の中で、自覚的にすべてを生かしていける担い手となると、地球上では人間以外に考えられません。その意味において、仏教的なヒューマニズムも成り立つように思われます。

智慧の観点から見ると、人間と動物の差異は質的というより量的なものです。すなわち、人間の方が動物よりも遥かに高度な智慧を持つということです。智慧自体の本質は、人間であれ、動物であれ、何ら変わりがありません。生きとし生けるものは皆、共生の智慧を持って生きている。その上で、智慧に長けた人間こそ「すべてを生かす力」の担い手として生態系の調整者になるべきだと勧める。これが仏教的なヒューマニズムであろうと、私は考えます。

質疑応答(2)　異なる意見の人とどう接するか

質問　実践的な質問をさせていただきます。先生が仏教の研究者、かつ僧侶という実践者であるということなので、自分の考え・理想・理論が現実社会とどうかかわっていくのか、という問題について質問します。

自分の考えを社会の中で実践していく——たとえば環境問題であれ、経済・政治の問題であれ、仏教の問題であれ、自分の考えを社会の中で生かしていこうとすると、必ず自分と違う考えを持っている人々がいるわけです。そういう人々とどのように接していくのかということが、大きな課題としてあると思います。

実践の場面において、一つは、相手をどこまでも説得して、なるべく自分の方に賛同してもらう方向があります。もう一つは、相手を説得してはいくけれども、ある程度までやったならば、そっちに時間を割くよりは、少数でもいいから自分に賛同してくれる人々と、自分たちの力の及ぶ範囲で自分たちの考えを実践していく方向もある。

これは、現実と理想の具体的な関連・せめぎ合いという課題になると思うのですが、自分と異なる考え方の人々とどう接していくのかについて、先生のお考えを伺いたいと思います。

松岡　考えていることを、率直に述べさせていただきます。自分と違った考え方を持つ人々と、どう接していくか。私が所属する東洋哲学研究所では、異なる宗教を背景に持った人たちを相手に、宗教間対話にとり組んでいます。日本では南山大学、海外ではヨーロッパ科学アカデミーとか、イスラム関係の方々とも対話しています。

そうした折に、心がけていることは何か。私なりの見解ですけれども、イスラム教徒であれ、社会主義者であれ、仏教徒と信念が違うといえば違うわけです。けれども、お互い裸になれば、皆同じです。つまり皆、同じ人間です。また人間として、同じく幸せを求めている。すべての宗教やイデオロギーの出発点は、そこにあります。

イエスは、最下層の民衆の魂を救済すべく、キリスト教を広めました。コミュニズムは、労働者や虐げられた人を救いたいとの気持ちから始まっています。自由主義だって、絶対王政から民衆を解放したい、皆が幸せを感じられる社会を作りたい、ということから始まったのでしょう。

ならば、その共通の原点に戻って、赤裸々な人間同士として対話しよう――。そこに、仏教者が宗教間対話に望む、基本的な姿勢があるように思います。各々の主義信条を無視するわけではありませんが、元々は、すべてが人類の幸福のために創り出されたものです。

長い歴史の淘汰に耐えてきた宗教や思想は、自分だけが幸せになれば周りはどうでもいい、などとは教えない。皆で幸せになるところに本当の自分の幸せもある。一様に、そう説き教えています。自他共の幸福は、実生活の道理に適《かな》っているからです。『法華経』の教えは、じつはそこを突いている。宗派性というより、すべての人間に共通する生活上の素朴な願い、皆と一緒に幸せになりたいとの願い、そこを掘り下げていく哲学と信仰を説いているのです。だから、本質的には何の無理もないのです。

したがって私どもは、どんな人に対しても、まず生活する人間同士としての対話――カントの言う理性的存在者ではなく、現実に生きている生命的存在者としての人間と人間との対話――を心がけています。その上で、それぞれの思想が人類の幸福に貢献できる点を評価しあいます。弁証法的な議論だけが対話ではありません。理屈の討論は、相手の否定に偏りがちです。現実生活では否定したり、肯定したり、と中道のバランスがとれています。多くの生活者は、自分も相手も生かそうとしています。ところが抽象的な議論になると、真理の探究などと称して、もっぱら否定しあうだけになる。これは争いの原因になります。

そうならないためにも、互いに生活者の立場で対話を行うしかありません。当研究所の創立者である池田会長は、頻繁に世界中の識者や要人と会うのですが、人間的な会話を決して忘れません。大統領であれ、あるいはイスラム教の指導者であれ、お父さんの話、お母さんの話、あるいは奥さんの話、お子さんのことなどを、よく話題にします。それは、ただ相手の機嫌をとっているのではない。お互い、それぞれの立場は一旦横に置いて、同じ生活者、民衆の一人として語りあいましょう。そういうところから来ているように思えます。

私どもは、こうした「人間主義」に立脚し、自分たちと異なる信条を持つ人々と協調しながら、平和、人権、環境問題等々の人類的課題の解決にとり組んでいきたいと考えています。「人間主義」とは、すべてにおいて「生活する人間」という出発点に帰れ、と訴える思想のことです。

質疑応答(3)　仏教の「自由」について

質問　「自由」というものは、明治維新に日本人が西洋語（freedomやliberty）を翻訳し、それから今日的な意味で使用されています。古典中国語にも「自由」という熟語はありますが、

「勝手気まま」といったマイナスの意味で使われてきました。古くは『後漢書』などにその用例が見えます。『荘子』にも、いわゆる精神の自由な境地が描かれますが、そこでも「自由」という語は使われていません。旧来の漢語の「自由」を現代の西洋の概念の意味に読み替えたのは、近代日本の知識人でした。

今回のご発表では、「自由」という言葉がキーワードとして使われていますが、仏教で説かれる「自由」とはそもそもどういう意味なのか。ご教示いただけたらと思います。

松岡　漢語の「自由」は「自《みずか》らに由《よ》る」「勝手気まま」等の意で、おっしゃるとおり、古典中国語に見られます。漢字文化圏における仏教語の「自由」も、そうした意味で使われているようですが、実際の用例はさほど多くありません。むしろ仏教の場合は、一切のとらわれから解放された自己の主体性を表す言葉として「自在」の語を使うことが多くあります。サンスクリットの仏典に解脱《げだつ》の境地が様々に説かれていますが、それらを漢訳する際に好んで「自在」という言葉を用いるのです。たとえば、鳩摩羅什訳『法華経』の如来神力品に「如来の一切の自在の神力」とあります。現存するサンスクリット本の該当箇所は「すべての仏の威力（sarva-buddha-vṛṣabhitā）」ですが、羅什は恐らくこれを仏の自在で不可思議な力と表現したわけです。私は、仏の自在な力こそ仏教者の自由と呼ぶにふさわしいと考えています。そこで、今回の私の試みは、仏教の「自在」を、その神秘性はさておいて純粋に生き方の次元で西洋近代の政治的自由と対比し、社会思想的に読み替えようとするものでした。

ロックやルソーにおける自由は「とり戻す自由」「対立する自由」であると述べましたが、西洋においては様々な自由の考え方があります。自由を意味する英語にはlibertyとfreedomがありますが、市民的、政治的な自由を言う場合はlibertyもfreedomもだいたい同じ意味で用いられている気がします。またI・バーリンは、政治的な自由を、消極的自由と積極的自由の二つに分類しています。前者は拘束からの自由、後者は規範に則る自由を意味します。

本日、私が問題にした自由は、バーリンの言う消極的なものと積極的なものとの両面を含んでいます。ロック的な消極的自由も、ルソー的な積極的自由も、ともに自然状態における人間の自由の回復を唱えています。だから、本質的には「とり戻す自由」であり、また不自由と「対立する自由」であろうと思ったのです。

これに対し、仏教の自由は精神的な側面を強く感じさせます。迷いの生から解脱する自由を言うのですから、真っ先にイメージされるのはやはり精神的な自由でしょう。そこで一般的に考えると、仏教の自由は社会と直接のかかわりを持たないように思われます。しかしながら私は、『法華経』の真理を社会的文脈に置いた時に、十分に政治的自由が——それも新たな自由論とも言うべき、非常に積極的な自由の概念が——導き出せることを指摘したつもりです。

まず法華経的な「ここにある自由」は、一見、精神的自由のようですが、それだけではありません。これは、自分が置かれた社会的環境を楽しみ、それと積極的に調和できる自由をも意味しています。この自由は、たとえば過度の権利の放棄といった形で、社会的にもはっきりと現れるでしょう。ですから仏教独特の政治的自由、それも積極的な自由です。

また「生かす自由」に至っては、ルソー等よりも格段に積極的な政治的自由ではないかと思います。ルソー的な自由、すなわち主権者たる個々人が、互いを結合させる社会契約に同意し、共同社会の意志にしたがうことによって得る自由は、たしかに積極的です。けれども、『法華経』に説かれる「すべてを生かす力」を発揚し、共同社会の意志を生かそうとする人々の自由は、もっと積極的でしょう。すべてを生かす積極的自由ですから、バーリンが危惧したような、個人を抑圧する危険性なども考えにくいと言えます。

思うに、こうした自由を持つ人々といえども、表面的には共同社会の意志にしたがう姿を示します。しかし内実が違う。ルソーの自由が「理性」に基づくのに対し、法華経的な自由は「智慧」の顕現です。前者はただ理性的に共同社会の意志にしたがうのですが、後者は共同社会の意志にしたがいながら実際はそれを生かして使う。少し変な譬えですが、昔の賢妻が夫にしたがいながら夫を動かしたようなものです。そのように、法華経の自由に目覚めた人は社会の中から社会を生かす智慧を発揮するのです。

神が人間に理性を与えた、とする神学的前提を排除するならば、理性は、人間の生命全体の力の一部にすぎません。したがって理性に基づく自由は、まだ生命全体の積極性とは言えない。それどころか、理性としての積極性には重大なパラドックスが潜んでいます。つまり、理性を崇拝しすぎると生命全体が理性に服従させられる、という問題が起きるのです。自分の中で部分（理性）が全体（生命）を支配してしまう。この倒錯の下では、かえって生命全体の積極性が損なわれ、結局は理性としての部分的な積極性も灰燼《かいじん》に帰すでしょう。市民自らが承認した法を根拠に、統治者から国家のための死を求められた時、市民は死ななければならない、とするルソーの主張は、まさにこの倒錯の産物ではないかと思います。

法華経的な智慧の自由は、断じてこのような倒錯を許しません。智慧は生命全体の自在な力だからです。智慧の自由は、理性的に作られ承認された社会を生かして使う自由です。智慧の人は、あくまでも生かす主体として社会の合法的意志にしたがうのであって、社会の意志に支配されることはありません。だから、社会の意志が個々人の生命を犯さないよう目を光らせ、熟議を重んじ、例外的には社会の意志にしたがわないこともありうるでしょう。

生かす自由、智慧の自由にこそ、人間生命の完全な積極性が認められるように、私は思うのです。

質疑応答（4）「無即有」について

質問　「無は即ち有である」という、その論理構造についてお聞きしたい。

松岡　「無即有」は、西洋的な二分法の論理ではとらえられない東洋的なロジックです。東洋のロジックといった時に、私が想起するのは西田幾多郎の哲学です。とりわけ後期の西田哲学、「行為的直観」「創造的モナドロジー」、そして最晩年の論文「場所的論理と宗教的世界観」に出てくる「平常底《びょうじょうてい》」などは、私が仏教の論理を探究する上で大変参考になりました。

とはいえ、西田哲学には納得できないところもあります。それは、西田が「絶対無」の原理にこだわったことです。空に対する執着を、『維摩経』では「空病」と呼びます。西田哲学にも、この空病に似たものが感じられます。つまり、無への執着です。それだと、無の原理が「有る」ということになってしまう。究極的には「有」の立場です。だから、西田哲学は一種の発出論である、との批判も受けたのでしょう。

『中論』などは、そうならないために徹底した否定を行っています。「有でもない」「無でもない」「有かつ無でもない」「有かつ無でもないものでもない」等々と、執拗に否定を繰り返しています。とにかく、何ものにもこだわらない。あらゆるこだわりを捨てる。そうすれば逆に、肯定できないものは何もない。特定の原理に執着せず一切を平等に見るが、そこにもこだわらないので、特定の原理もまた肯定する。これはダメ、これしかダメ、といった決めつけがまったくないし、それゆえに決めつけることもある。仏教の「無即有」とは、このように表現不可能な、融通無碍の境地を教えているのではないでしょうか。

質疑応答(5) 仏教は「近代」を相対化すべきか

質問 すべてを生かす力を『法華経』の真髄として受けとめ、その無限の力を行使できるのが人間の特権である、人間の尊厳の根拠はそこにある、と言っているように思いました。こうした視点に立ってみますと、現在の経済学が前提にしているのは、有限な資源、限られた資源であり、マーケットメカニズムの法則性などはたかがしれたものに思えてきます。またヒューマニズム論が、西洋の、とくにリベラリズムなどではさかんに言われている。そうした西洋的ヒューマニズム論が前提とする理論構築の枠組み、旧来のパラダイム、仏教がそこからも自由になれるというのは、すごいものだなと思いました。仏教から、新しい何かが出てくるのではないかと思うのです。こういう考え方が、人類史から言うと、二五〇〇年も前に生まれていたというのは、不思議な感じがします。

私たちが普通、社会科学とか自然科学とか言うのは、この四〇〇〜五〇〇年のことです。具体的には、資本主義的な商品経済システムというのが出てきて、地理上の発見などでネットワークされた世界が成立し、地球上が一つになりだした頃からの話で、たとえばマキャベリとか、ホッブス、経済学ではアダム・スミスとか、色々な人が出てきます。そういう西洋の社会科学は、仏教では相対化されてしまうと思うのですが、それでいいのでしょうか。

松岡　ご質問の趣旨は、仏教的な考え方によって近代の社会科学的な認識を相対化すべきか、ということですね。結論から言うと、私個人は、相対化すべきでないと思っています。仏教は、すべてを生かす智慧を説くのですから、近代の科学を生かさなければならない。近代を生かすというのは、仏教が近代を上から見下ろして利用することではありません。近代を作り出した人間の自由自在の智慧、そこにさかのぼって近代を再生させ、本来あるべき近代を実現していくことです。

智慧と言っても、それ自体は把握できない。仏教で言う智慧は、経験的には理性や直観等として現れます。だから、西洋近代の自然科学や社会科学も人間の偉大な智慧の現れです。

心から尊敬すべきです。仏教者の役割はもっぱら、それらが元々の智慧の自在性を忘れて硬直化した場合に警鐘を鳴らすことでしょう。

理性的に人間の自由を拡大してきた西洋の近現代は、社会的な意味で、人類の歴史上、最も智慧が発現した時代であると言えます。また西洋の「近代」と出会わなければ、私たち東洋人は、いつまで経っても仏教の本当の意義に気づかなかったのではないでしょうか。仏教的な直観の論理は、およそ常人の理解の域を超えています。何ものにも執着しない、というのは何となくわかりますが、無執着にも執着しない、解脱しながら執着もする、さらにこの不可思議な境地にも執着しない、といった真の無執着になると、とても頭でわかるものではありません。

だから東洋でも、仏教は「無」の哲学である、と考えられることが多かった。すべてを無と見なすような無執着が一番わかりやすいので、仏教哲学の「無」の側面が強調されがちだったと言えます。

ところが近代に入って、東洋は西洋の「有」の哲学と出会いました。西洋の「有」の哲学は、東洋の「無」の哲学よりも、はるかに絢爛たる文明を築いていた。「有」の世界で自由自在の智慧を発揮し、高度な社会を作りつつあった。この衝撃から、仏教を「有」の側面から再解釈する動きも始まりました。いわゆる仏教の近代化です。そこで初めて、「有」と

「無」を離れて「有」と「無」に徹するような、仏教哲学のはてしない世界が、ぼんやりとですが浮かび上がってきたようにも思うのです。

このように、歴史的存在としての仏教は、近代以降、西洋に触発されたのであって、それを相対化してきたわけではありません。今後も東洋と西洋は、互いに意義を認めあい、学びあうべきだと思います。そうする中で、現代の諸科学は自らの根源を知るようになり、仏教の真価も輝きを増すことでしょう。

あとがき

ここ数年の私は、自分の思想的な足場を得るために苦しみ、試行錯誤を繰り返してきました。『法華経』の中に、仏の智慧はどんなに思いを尽くしても決して理解することはできない、と幾度も示されています。釈尊の教団で最も智慧の優れた仏弟子は舎利弗《しゃりほつ》でしたが、方便品では、釈尊が「仮使《たとい》、世間に　皆、舎利弗の如きもの満ちて　思を尽して共に度量《はかる》とも仏の智は測ること能《あた》わざらん」と語り教えています。

仏の智慧は人間の知を断固拒否する。まったく表現できず、理解不能な境位である。とすれば、どうやってそれを現実の社会に適用すればよいのか。信仰上の問題は別として、この厚い壁が私の前に立ちはだかりました。相互依存とか、欲望の制御とか、自己の拡大とか、仏教を社会哲学化しようとする言説は、すでに多々存在します。しかしながら私には、どれもが部分的、断片的な表現に思えてなりませんでした。

仏教の真理の全体は言語化できないわけですから、私たちはその一部しか語りえません。とは言え、同じ部分的な言い方でも、もっと仏教の全体を凝縮させたような法《ダルマ》の社会的表現はないものか。そう思い、あれこれと考えをめぐらせては、夜も眠れなくなることがありました。この頃の私が思索の糧としたのは、ナーガールジュナの『中論』などでした。

そうこうするうち、一昨年の春に出版した『現代思想としての日蓮』を転機として考え方が根本から変わり、最近やっと自分自身の見解が固まったように思います。結論だけを述べると、すべてを無限に否定し続ける仏教の真理が「自由自在」と表現でき、その社会的なイメージは「すべてを生かす力」であるということに気づいたのです。

「すべてを生かす力」ならば、仏教の真理の全体的な輪郭をとどめつつ、それを現実社会へと適用できるだろう——。鬱蒼《うっそう》とした森に遮られていた視界が次第に開け、ほんの少しですが、天空の青さを見る思いがしました。それまでの私は、仏教という大密林の中で、目の前の景色を頼りに行きつ戻りつする状態でした。「すべてを生かす」という地図を得てからは、自分がどこにいるのか、どこへ向かうべきなのかを、頭の中で整理できるようになった気がします。頭の中で、と言うのは、理屈の上で何となくわかるということです。生命の上の悟りには、まったく達していません。もとより研究者としての私が、宗教的な悟りを前面に出すこともできないでしょう。いずれにせよ、仏教の真理の全体像だけは、ぼんやりとながら頭で把握できたように思えるのです。

大げさな言葉を使うならば、本書は、私の思想的転回を本格的に公表する、最初の場となりました。一般的な学問の思考法とは根本的に違った考えを抱きながら、しかも学問の思考法を嫌わずに活用した結果が、この小著です。それがどう受け止められるのか、私にはわかりません。ただ、難解すぎる箇所は私の愚鈍の産物であり、浅薄に見える記述は人生経験の乏しさから来ています。私の論理が仏教の正道から外れている可能性も、恥ずかしながら無いとは言い切れません。不完全なままの挑戦が本書の実態です。この点は正直にお伝えし、読者の方々にご注意をお願いしたいと思います。

言うまでもなく、本書が世に出るまでには、多くの方々のご好意と助けがありました。長年、研究の拠点とさせていただいている東洋哲学研究所の同僚諸氏からは、尽きせぬ学恩を受けています。わけても、先頃、本書と同じようなテーマで新作を出された菅野博史教授は、『法華経』にかんする該博な知識を持たれ、後学の私を常に刺激してくれます。

また、本年度から私を研究仲間に加えてくださった東日本国際大学の教職員の方々にも、大変にお世話になりました。同大学との出会いなくして本書が生まれなかったことは、「はじめに」を読んでいただければ、よくわかると思います。石井英朗学長、田久昌次郎理事長をはじめ諸先生方、緑川浩司事務局長等の大学職員の方々、すべての大学関係者の皆様に対し、深く感謝の意を表します。

最後に、本書の出版を勧めてくださった佐々木利明氏と、今回も出版元になってくれた論創社の森下紀夫社長に、厚く御礼申し上げる次第です。

二〇一〇年一月二日

松岡 幹夫

索引（人名及び事項）

松岡幹夫（まつおか・みきお）
1962年生まれ。東京大学大学院博士課程修了。現在、東日本国際大学・東洋思想研究所副所長。同大学客員教授。（財）東洋哲学研究所研究員。博士（学術）。専門は仏教思想論・日蓮研究・社会哲学。「仏教思想の現代化」をテーマに、幅広い分野で研究成果を発表している。著書に『日蓮仏教の社会思想的展開—近代日本の宗教的イデオロギー』（東京大学出版会）、『日蓮正宗の神話』（論創社）、『現代思想としての日蓮』（長崎出版）、『国家と宗教』（共著、法蔵館）、『宗教から考える公共性』（共著、東京大学出版会）、『平和を目指す仏教』（共著、東洋哲学研究所）ほか多数。

法華経の社会哲学

2010年3月10日　初版第1刷印刷
2010年3月20日　初版第1刷発行

著　者　松岡幹夫
発行人　森下紀夫
発行所　論 創 社
〒101-0051
東京都千代田区神田神保町2-23　北井ビル2F
振替口座　00160-1-155266　電話03（3264）5254　http://www.ronso.co.jp/
印刷・製本　中央精版印刷
ISBN978-4-8460-0800-0　